中山道六十九次
徒歩の旅絵日記

長坂 清臣
Kiyoomi Nagasaka

文芸社

はじめに

私は時代小説が好きで、中でも池波正太郎の大ファンです。鬼平犯科帳や藤枝梅安、剣客商売を読むと中山道や東海道の地名がよく出てきます。それらの場所に行って、小説の世界を少しでも体験したいと思ったのが街道歩きを始めたきっかけです。昔の街道も現代では当然車道に置き換わっている所がほとんどですが、その旧街道沿いには、神社や寺が多くあり、そこに掲げられた案内板を読むと、歴史の変遷が書かれています。それらを読みながら、ゆっくり中山道を歩いてみるのはおもしろそうだと考えました。

私の旅ですが、一般の人達とは少し違っています。私は携帯電話やスマホ、デジカメは持たない主義です。以前はカメラを持って旅をしていましたが、頭の中で「どこかにいい被写体がないか」を探し求めている自分がいて、旅を心から楽しんでいない気がしていました。そこでカメラを持つのをやめて、手帳とシャープペンシルだけを持つことにしました。そうすると、何か開放的な気分になり、好きな所で立ち止まってスケッチを描き、思い浮かんだ事をそこに書き込むことで、旅の印象が深くなり、何時までも覚えているようになりました。それもそのはずでしょう。その場に10分間以上はたたずんで、見ている対象と向き合っているのですから。つまり簡単な絵日記を書いているのです。ちなみに、私生活でも携帯電話やスマホ、デジカメは使っていませんが、仕事でデジカメは使用しています。

そんな訳で、神社や寺、廻《まわ》りの景色、古い民家の建物などを見ながら、ゆっくり中山道を旅しました。気に入った所でスケッチしたり、疲れた時に立ち止まり、足元の雑草を描いて休む言い訳にしたりして歩き続けました。仕事の合間に続けた旅なので、日本橋を出てから京都三条大橋に着くまで一年半かかりました。それらをこの度、「中山道六十九次徒歩の旅絵日記」としてまとめました。

中山道は楽しい旅でした。単に車道を歩くだけではなく、峠では山道を歩きますし、名だたる山々が見えてきてはやがて遠ざかっていき、大きな川を渡る時には昔の河渡しを想像します。宿場に着くと江戸時代を想像できる古い建物がたくさんありました。また、途中には一里塚があり、道端には石仏もあります。それらも旅を引き立てていました。そして中山道には今も江戸時代の旅籠《はたご》を思わせるような旅館や民宿が残っています。それらに泊まりながら旅の一日を振り返るのは、最高の時間でした。

この「中山道六十九次徒歩の旅絵日記」が中山道を歩くきっかけになるならば、とても嬉しく思います。

中山道六十九次徒歩の旅絵日記　目次

中山道六十九次徒歩の旅絵日記

中山道六十九次宿場一覧

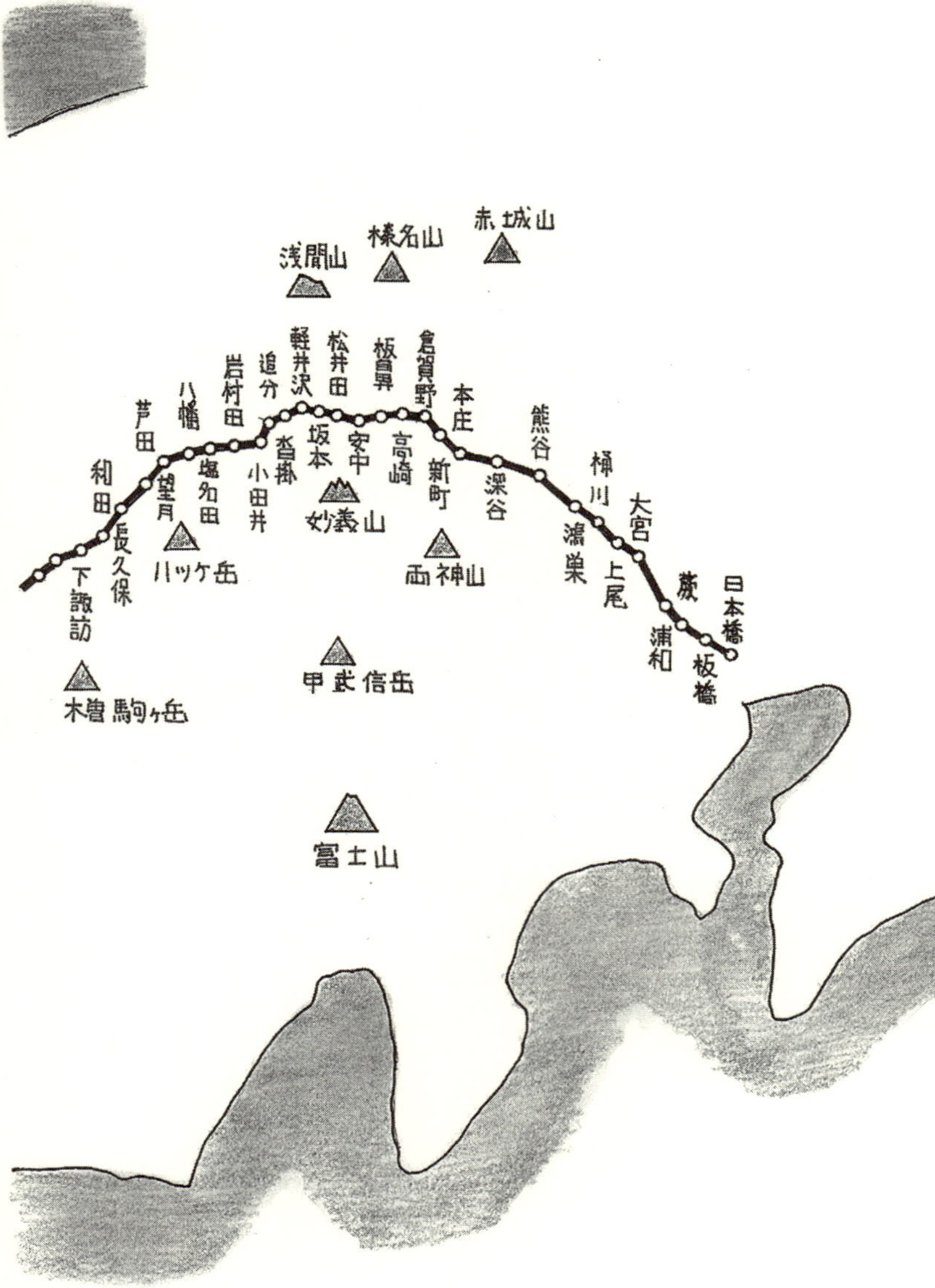

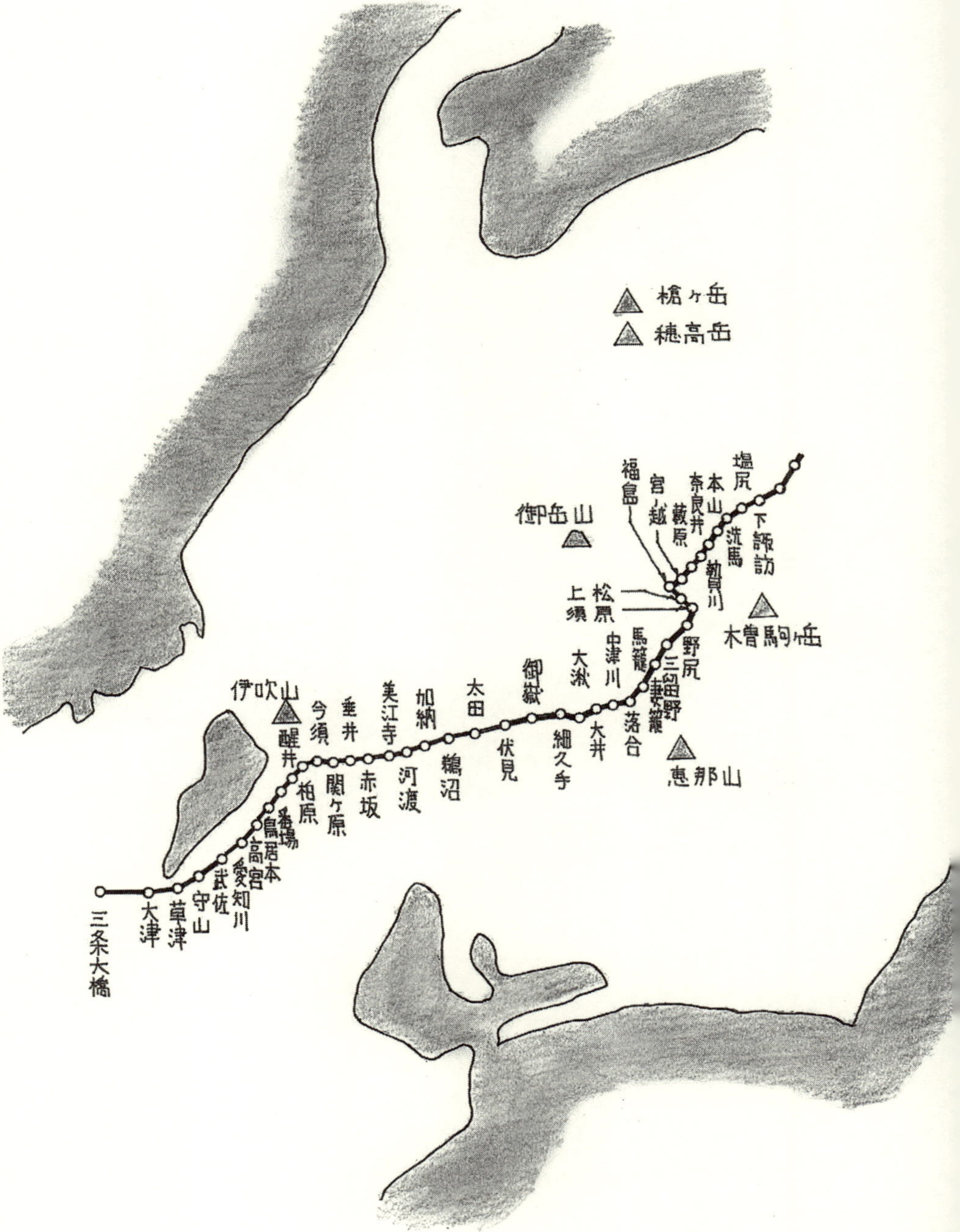
槍ヶ岳
穂高岳
御岳山
塩尻
本山
奈良井
宮ノ越
福島
薮原
下諏訪
洗馬
贄川
上松
須原
木曽駒ヶ岳
馬籠
野尻
中津川
大湫
御嶽
三留野
妻籠
落合
恵那山
大井
細久手
伏見
太田
鵜沼
加納
美江寺
河渡
垂井
赤坂
今須
関ヶ原
伊吹山
醒井
柏原
番場
鳥居本
高宮
愛知川
武佐
守山
草津
大津
三条大橋

日本橋

日本橋　神田明神　神幸号

2015、11.22 6:40AM
日本橋
廻りはまだ少し暗い。
中山道の旅の始まり。
京都を目指すのだが、
東海道とは反対側へ
歩く。

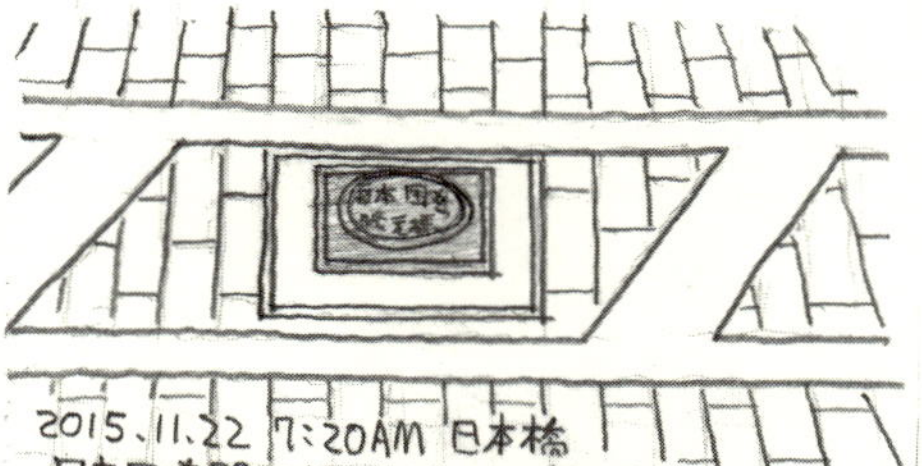
2015、11.22 7:20AM 日本橋
日本国道路元標は橋の中央にあった。

【日本橋】

▶2015年11月22日

旅のはじまり。

中山道の旅の始まりは日本橋だ。橋の道路中央にある「日本国道路元標」を見て出発する。以前東海道を歩いた時とは180度反対側へ向かうのは不思議である。まだ朝の6時20分なので廻りは暗い。しばらく歩くと神田明神に着いた。そこに小さな馬がいる。説明文を読むと神田明神の神馬で名前を「神幸号」という。信州佐久高原の産で平成22年5月15日の生とのこと。あし毛とのことだが、まだ毛は黒い。これから年とともに白くなるのだろう。人なつこくかわいいので、しばらく見ていた。人気のある馬のようで、皆「ミキ」ちゃんと呼んでいた。今回の中山道の旅はこのミキちゃんに乗って一緒に旅をするような気がしてきた。

2015.11.22 9:15AM
大円寺ほうろく地蔵に寄る。
「八百屋お七」を供養の地蔵。
お七の刑場の鈴ヶ森は東海道の旅で見た。

神田明神を後に東大赤門などの横を通り歩いていくと大円寺がある。そこの「ほうろく地蔵」に寄る。この地蔵は「八百屋お七」を供養しているとのこと。頭にはほうろく（素焼きの土鍋）が載っている。お七の罪を救うために、ほうろくをかぶって焦熱の罪を受けているとのことだ。東海道を歩いた時、品川の鈴ケ森刑場を通ったが、お七はそこで火あぶりの刑に処せられたことを思い出した。

1　板橋宿

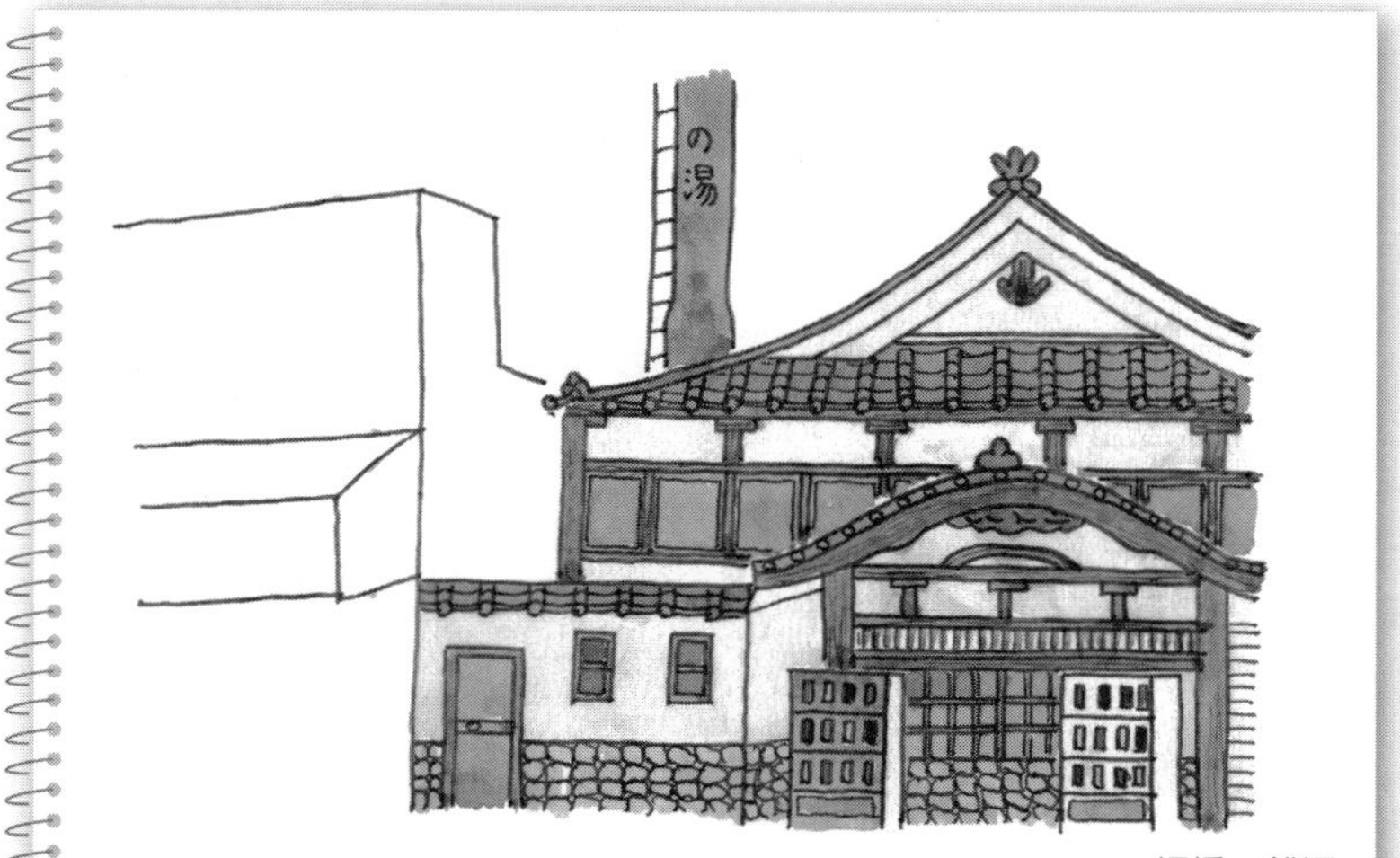

板橋　銭湯

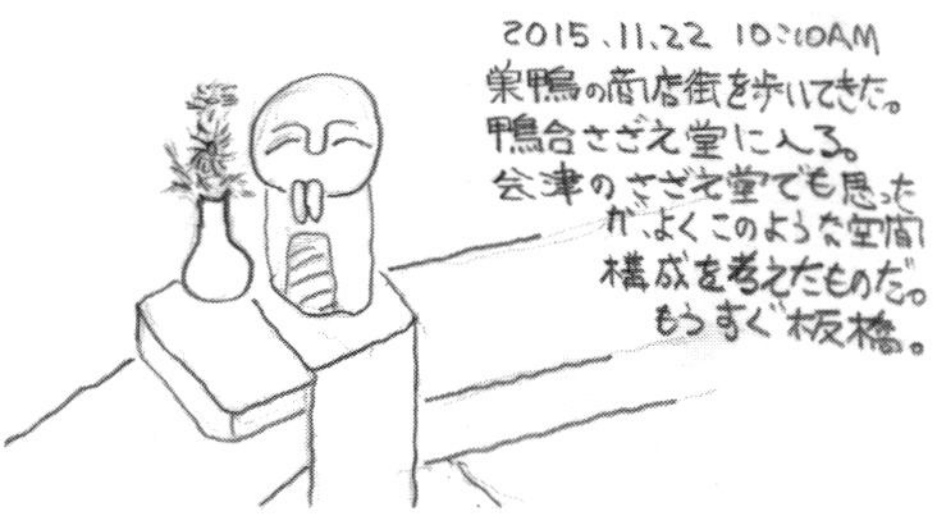

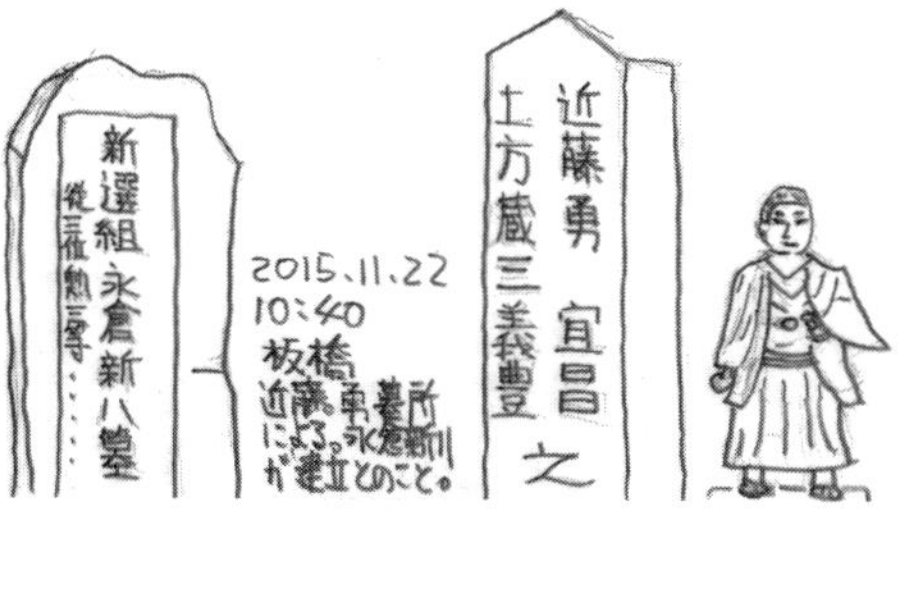

【板橋】

▶2015年11月22日

中山道最初の宿場は
街道筋の趣があった。

板橋　板橋

活気のある巣鴨の商店街をのんびり歩く。それが尽きたあたりに鴨台さざえ堂という建物があった。3年くらい前に磐梯山を登山した時に、以前から興味があった会津さざえ堂に寄った。内部は3層で階段を上がっていくと3階に着き、成り行きで歩いていくと、下りになり1階の出口に出る。つまり建物の内部は二重のらせん階段になっている。ここも同じ造りであった。建物は鉄筋コンクリートだったが、懐かしく感じた。

板橋駅近くで近藤勇墓所に寄る。同じ新選組の永倉新八が建立したとのこと。確か永倉は新選組から離れたはずだが、その後このような墓所を作ったようだ。

板橋宿に入る。ここが中山道最初の宿場だ。そこに銭湯があり入り口の前に自動販売機がある。昔なら風呂上がりで、瓶のコーヒー牛乳だったが、今は自動販売機でジュースなのだろうか。板橋宿に入って最初に描いた建物で、これからの中山道の旅に期待をいだかせる雰囲気がある。板橋の銘板がある橋を渡る。貫禄

板橋　志村の一里塚

がある橋だ。石神井川に架かるこの橋が地名の由来と言われている。商店街を過ぎてしばらく歩くと志村の一里塚が見えてくる。道路の両側にあり、どちらも石垣の上に大きな木がある。この後、中山道を歩いていく中でたくさんの一里塚を見たが、これが一番大きくて立派だった。板橋は中山道を観光資源にしているようで案内板も多い。これから面白い旅になりそうだと感じて次の蕨宿を目差した。

2　蕨宿

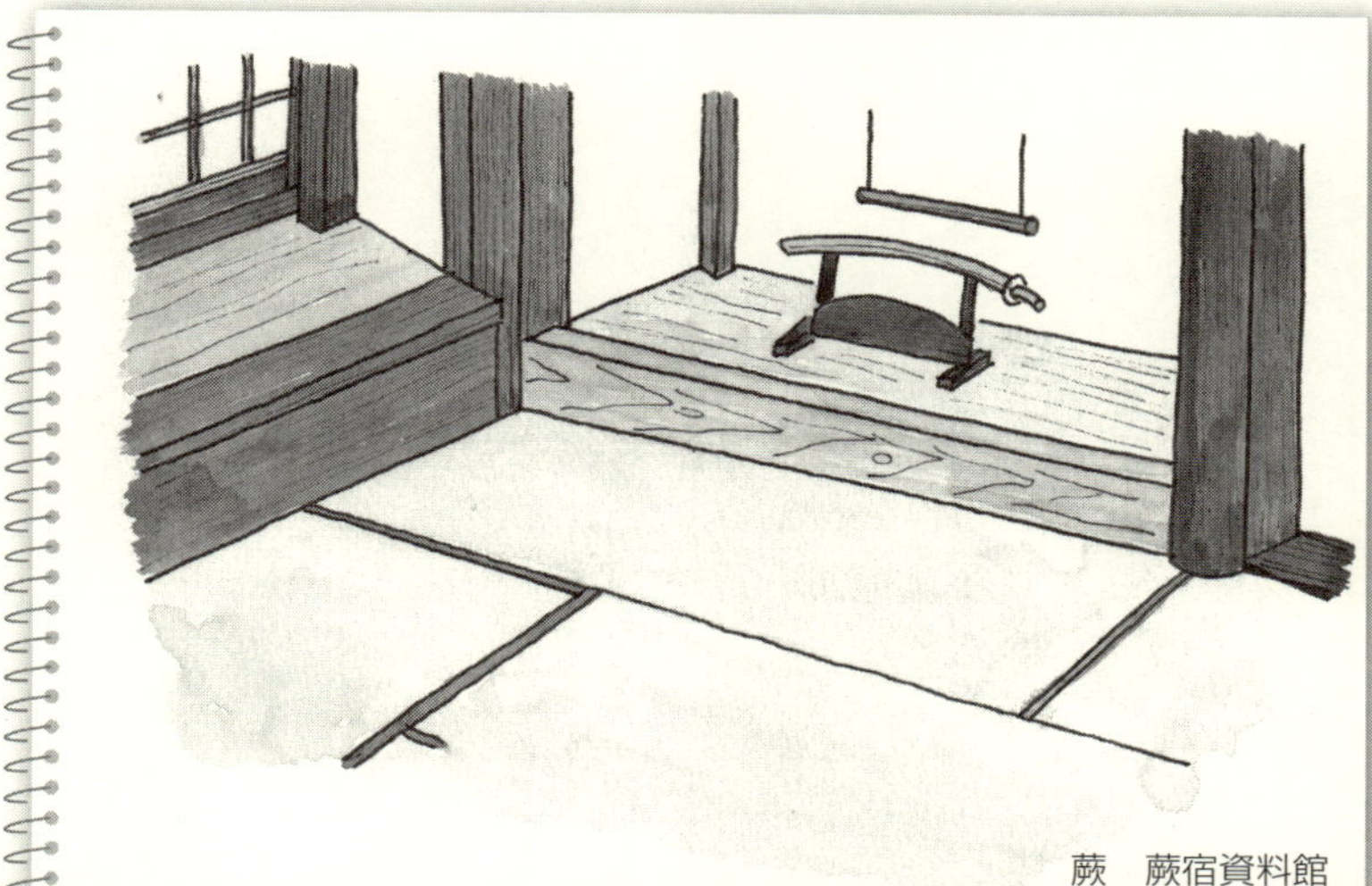

蕨　蕨宿資料館

50
ここから
埼玉県
ここから
戸田市
2015.11.22
13:20
戸田橋を渡っている。下は荒川。ここは東京と埼玉の境。
蕨はもうすぐ。
何度かこの下の土手を通って東京湾に歩いて行ったことがある。

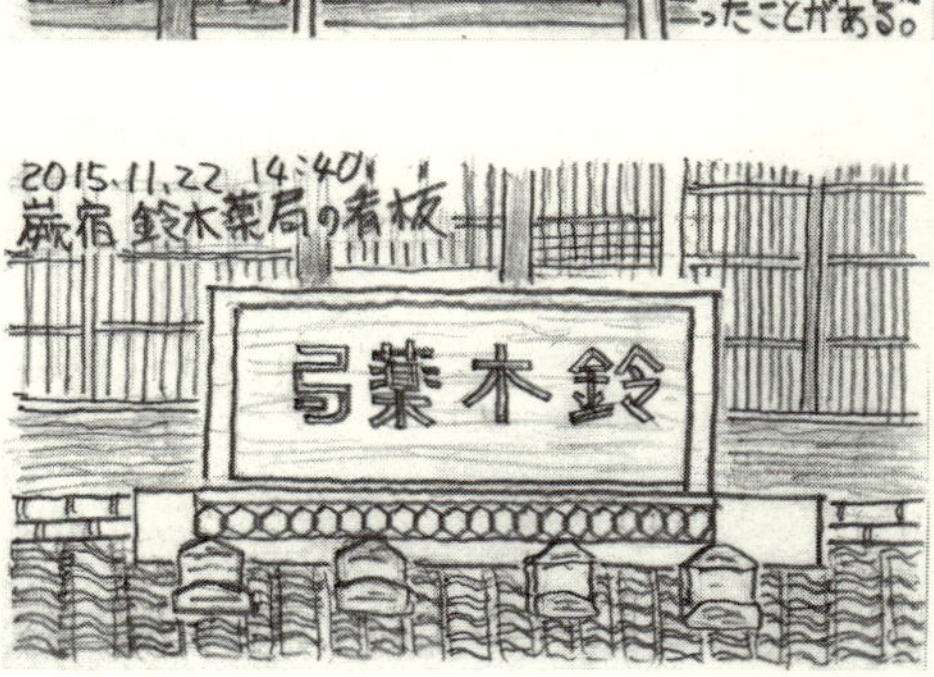
2015.11.22 14:40
蕨宿 鈴木薬局の看板
局薬木鈴

【蕨】

▶2015年11月22日

荒川を渡り埼玉県に入る。

荒川に架かる戸田橋を渡ると埼玉県に入る。私は埼玉県南部の入間市に住んでいるが、そこには入間川が流れている。埼玉県の川は最終的には太平洋側に注ぐので、本来なら南に流れるはずだが、入間川は何故か北に流れている。それは入間市より北にある川越市でこの荒川に合流しているからだ。ある日、私は自宅から川沿いを東京湾まで歩いて行こうと思い立った。そしてその合流点を見た時、荒川と入間川は同じくらいの大きさだった。それから東京湾を目差して歩いたのだが、荒川はどんどん大きくなっていった。途中で屋形舟が浮かんでいるのを見たりしてのんびり歩き続け、自宅を出てから東京湾に着くまで3日間を要した。その楽しかった体験が街道歩きの原点になっている。そして、その時にこの戸田橋の下を通ったことを思い出した。この後、中山道の旅ではたくさんの川に出会うことになる。

蕨宿は道路に絵をはめ込んだりして中山道の観光に力を入れているのが感じられる。蕨宿資料館では中山道本陣上段の間の再現と共に、昔のおもちゃや映画のポスター、スターの写真が展示してあり楽しめた。鈴木薬局は旧家の古い建物で、その看板は貫禄がある。今後このような建物や看板にも多く出会えるのだろう。板橋宿に続いて蕨宿も中山道の跡が感じられ、これからの旅にますます期待が持てた。

3　浦和宿

浦和　調神社

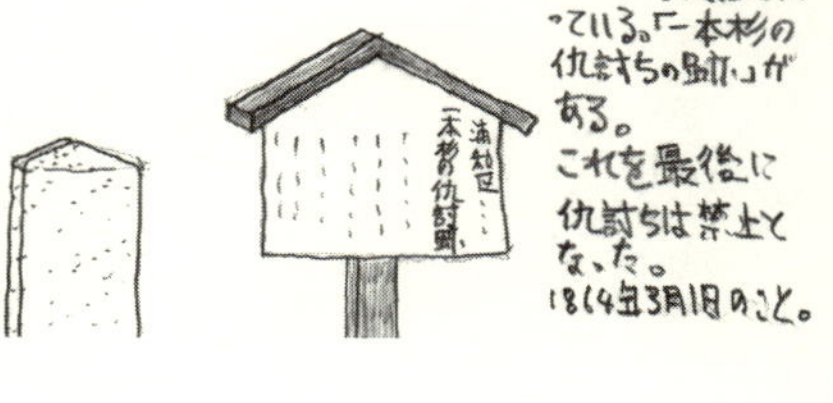

【浦和】

▶2015年11月22日、28日

調神社の狛兎はかわいかった。

この日中山道の旅の初日は蕨宿で終える予定だったが、時間があるので浦和宿まで歩くことにした。夕方の暗くなり始めた頃に調神社（「つきじんじゃ」と読む）に寄った。ここには七不思議があり、その中のひとつに鳥居がないことがある。倭姫命《やまとひめのみこと》の命により調物（貢物）を納める時の運搬の妨げになるので、鳥居・神門を取り払ったと伝えられている。この伝承では調神社の前身が御倉であったとされている。この神社には狛犬ではなく、兎が台座に座っている。狛兎というのだろうか。親兎と子兎が座っていてかわいらしい。ここで中山道の旅の初日は終了とし、浦和駅へ行き帰宅した。

１週間後に中山道の旅を再開した。最初に玉蔵院に寄り大きなイチョウの木を見てから歩きだした。このような大木もこれからたくさん見かけることになる。しばらく歩くと一本杉の碑がある。文久４年（１８６４年）にここで「一本杉の仇討ち」があった。宮本鹿太郎が父の仇である河西祐之助を討ったのだが、これを最後に仇討ちは禁止された。今から約１５０年前のことである。

これで中山道六十九次の内３番目の宿場を通過した。中山道徒歩の旅は私に合っていると思い始めた。

4　大宮宿

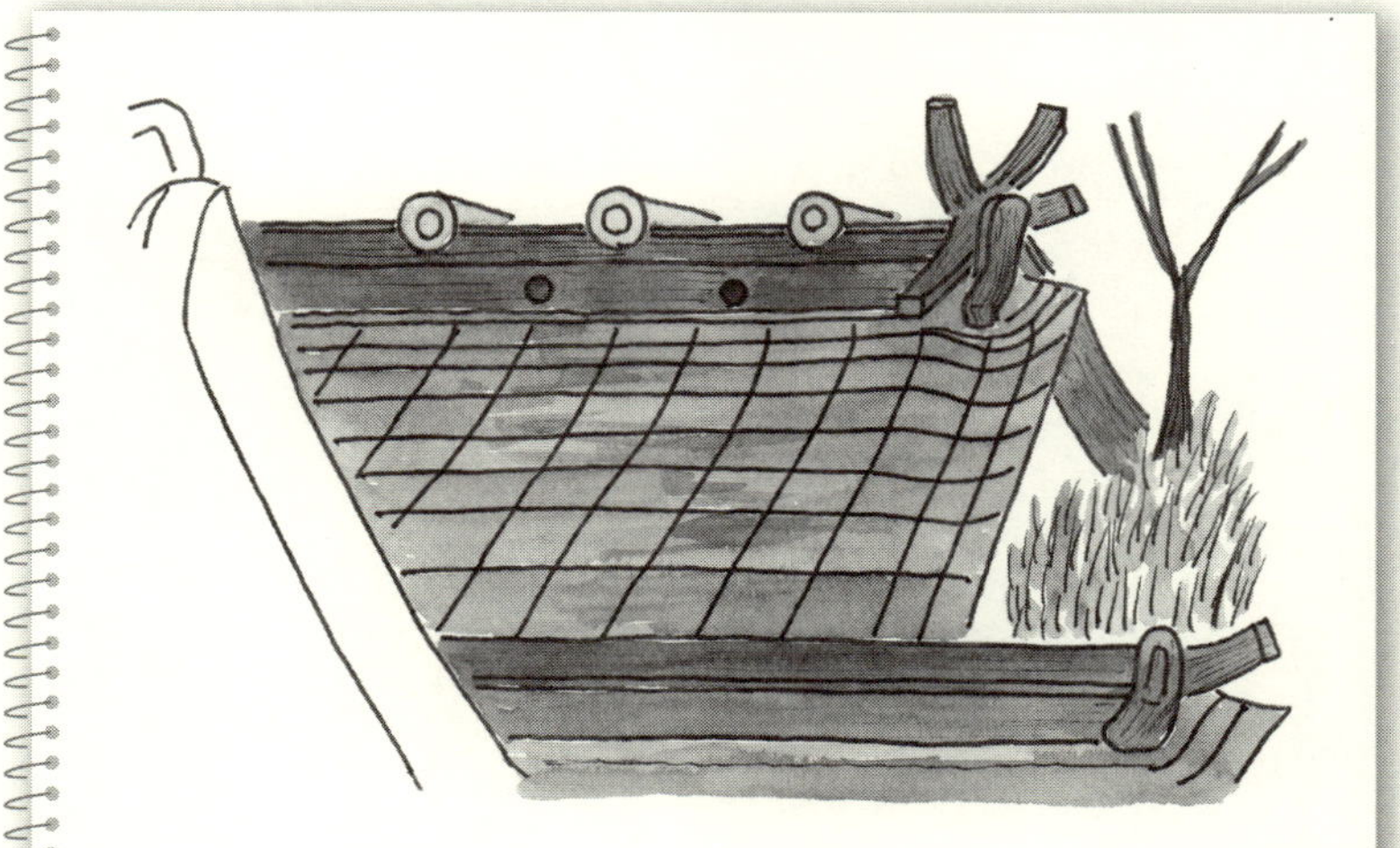

大宮　氷川神社

【大宮】

▶2015年11月28日

氷川神社は七五三の参拝客でにぎわっていた。

さいたま副都心駅の横を通る。近代的なビルが林立する中、ビル群の間にさいたまスーパーアリーナが見える。日本橋を出て以来ひたすら車道を歩くことに飽きてきた頃、氷川神社一の鳥居と武蔵国一宮と書かれた石柱があった。その参道を通って氷川神社に行こうと思ったが、できるだけ中山道に忠実に歩こうと思い、直進して本陣跡を目差した。やはり宿場の中心である本陣にはこだわりたい。そして官幣大社氷川神社社標がある裏参道口から氷川神社に向かった。氷川神社へは大宮公園内を通って行くのだが、公園内のベンチで昼食とした。

11月なので氷川神社は七五三の親子連れで賑わっていた。子供にとっては最初の晴れ姿かもしれない。私はこれからの旅の安全と家族の健康を祈願して次の上尾宿に向かった。

しばらく歩いて宮原駅近くまでいった時、庚申塔があった。金剛像と

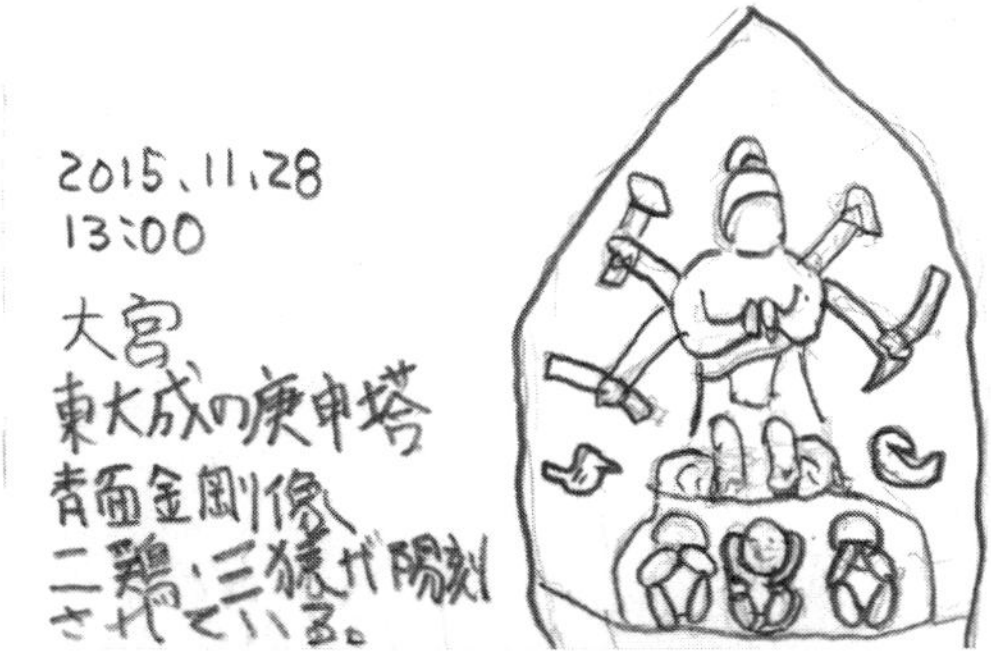
2015、11、28
13:00
大宮
東大成の庚申塔
青面金剛像
二鶏・三猿が陽刻
されている。

鳥、猿が陽刻されている。猿は3匹いて、お馴染みの「見ざる、聞かざる、言わざる」だ。これが金剛像と一体に陽刻されている。実に変わった石仏だが、ユーモアセンスは百点満点だ。車道歩きに飽き飽きしていたので、いい気分転換になった。

5　上尾宿

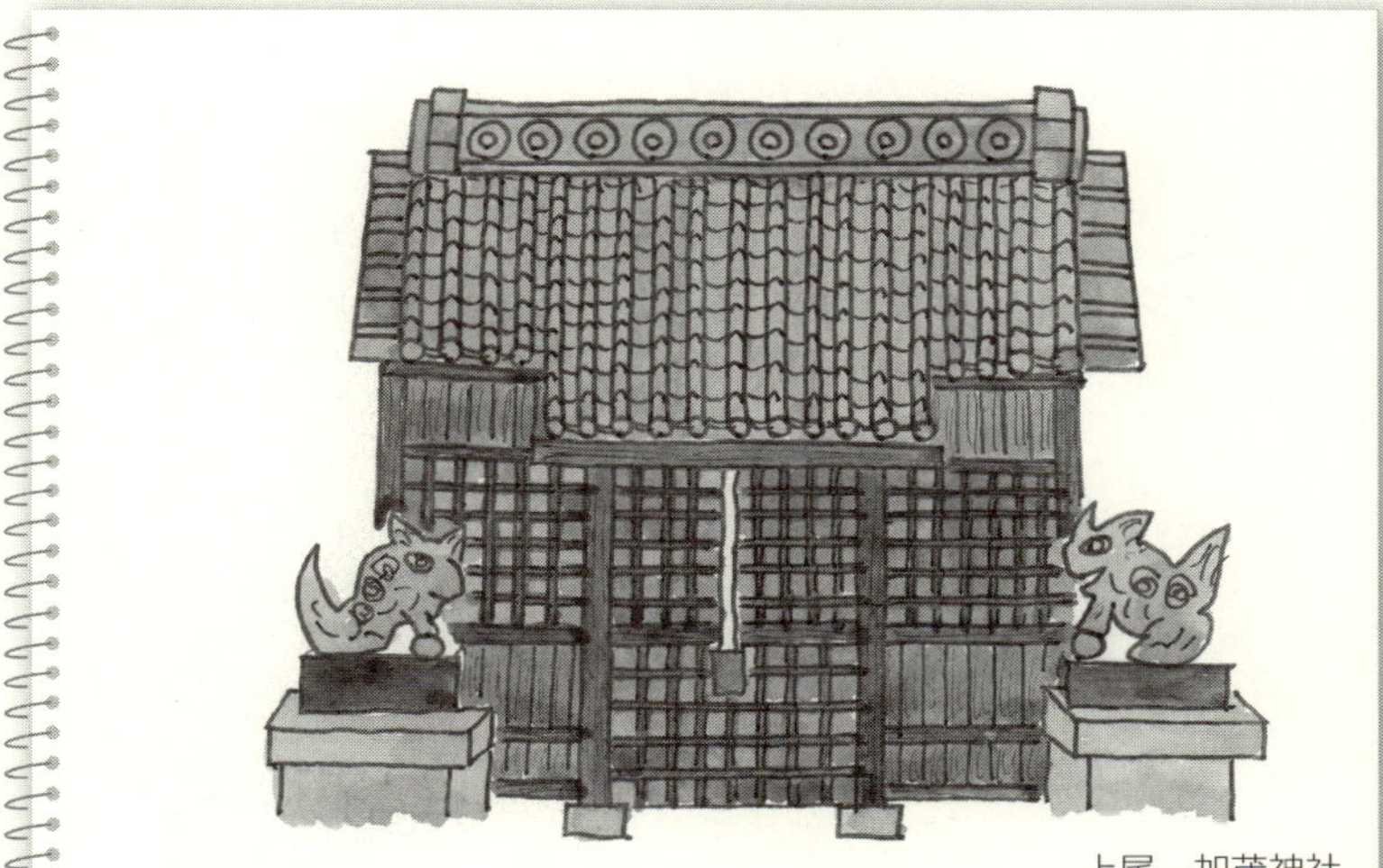

上尾　加茂神社

大きなうろがある。上尾へ向っている。宮原小学校内にセンダンの大木あり。
小学校横の歩道橋より。
2015、11、28
13:30

2015、11、28
13:45
上尾
南方
神社
コマ犬だろうが梁の上に飾られている。

【上尾】

▶2015年11月28日

南方神社の狛犬は秋空を飛んでいた。

加茂神社に立ち寄った。一般に神社には狛犬があり、それが各々の神社で形や表情が異なるので見ていておもしろい。ここの狛犬はやさしそうだった。これまで神社を見る度に、旅の安全と家族の健康を祈願した。しかし中山道の通り沿いには余りに多くの神社や寺があるので、本殿や境内を見るだけにするのでもよいと思い始めた。

しばらく歩いていくと、宮原小学校があり、その敷地内にはセンダンの大木がある。近くに歩道橋があるので上がり、木をよく見ることができた。漢字では栴檀と書く。「栴檀は双葉より芳し」との有名なことわざがあるので、よい匂いがするのだろうかと思い近くにいってみたが、そんなことはなかった。もっともこのことわざのセンダンとは白檀のことで、栴檀とは違うことを後で知った。大きなうろがある木だった。

上尾宿では南方神社の拝殿の梁に飾られている狛犬がおもしろかった。普通は地上の台座の上に置いてあるものだが、ここでは高い所に取り付けられている。これが浮き出ているように見えて、そのため空中を飛んでいるように見える。神社を飛び越えてどこかへ行ってしまいそうな感じがする。台座の狛犬は安定しているが、この狛犬は浮いていて自由な感じがする。おもしろいのでしばらく見ていた。

6　桶川宿

桶川　蔵造りの商家

2015.12.06 9:40
桶川の歩道橋。
北東方向に見えるのは
男体山。

2015.12.06 9:50AM 桶川の歩道橋
男体山の反対を振り返ると富士山であった。

【桶川】

▶2015年11月28日、12月6日

蔵造りのすごい商家があった。

この日の旅は桶川宿で終了なのだが、そこにすごい屋根の蔵があった。屋根が非常に分厚く、棟の瓦もすごい。壁は窓の扉を見ているだけで、ものすごく分厚いのがわかる。桶川はこのような昔の面影がある建物が多い。途中に「武村旅館」という古い建物があった。国の有形文化財とのことで宿泊してみたかったが、自宅まで電車で帰れる距離なので泊まらなかった。近くに中山道宿場館があるが、次回の再開の際に寄ることにして、今日の旅を終えた。

1週間後の12月上旬に旅を再開した。中山道宿場館だが時間が早くて入ることができなかった。教訓として見るべき時には見ておかなければならない。次は保証されていないことを学んだ。

この日は晴れで風が強く寒い日だった。しばらく歩くと歩道橋があり、そこから日光の男体山が見えたので双眼鏡で観察した。雪はまだ上の方だけのようだ。そして後ろを振り返ると富士山がきれいに見えていた。こちらは雪に覆われていた。これから中山道の旅ではたくさんの山に巡り合うのだろうなと思った。何しろ中山道は山間の街道だから。桶川宿は昔を感じさせる街だった。

7　鴻巣宿

鴻巣　勝願寺

【鴻巣】

▶2015年12月6日

正四尺花火玉は大きかった。

文字はない。何なのかな。
2015、12、06　13：30
熊谷への途中。5つの石塔がある。

2015、12、06　13：40　くもり　私の好きな山だ。
両神山が見える。特徴のある山容ですぐわかる。

鴻巣は雛人形で有名だ。中山道に面して広田屋人形店がある。ショーウィンドウを眺めていたら、大きな花火玉が置いてあり正四尺玉と書かれている。地元の花火大会で使ったもののようでギネス世界記録との記載もある。一尺は約30センチメートルなので、直径約120センチメートルである。花火玉も大きいが、それを打ち上げる筒もすごそうだ。

勝願寺に寄り昼食とする。門のみごとな透かし彫りが印象に残った。ここには徳川四天王のひとり本多忠勝の娘で、真田信之に嫁いだ小松姫の墓がある。勝願寺を出てしばらく歩くと道路横に石塔が並んでいる。石の表面には何も書かれていない。実に不思議な石群だ。このあたりから両神山が見えてきた。特徴のある山容なのですぐにわかる。日本百名山のひとつで、以前登った時は紅葉が美しかった。

吹上（間の宿）

吹上　東曜寺

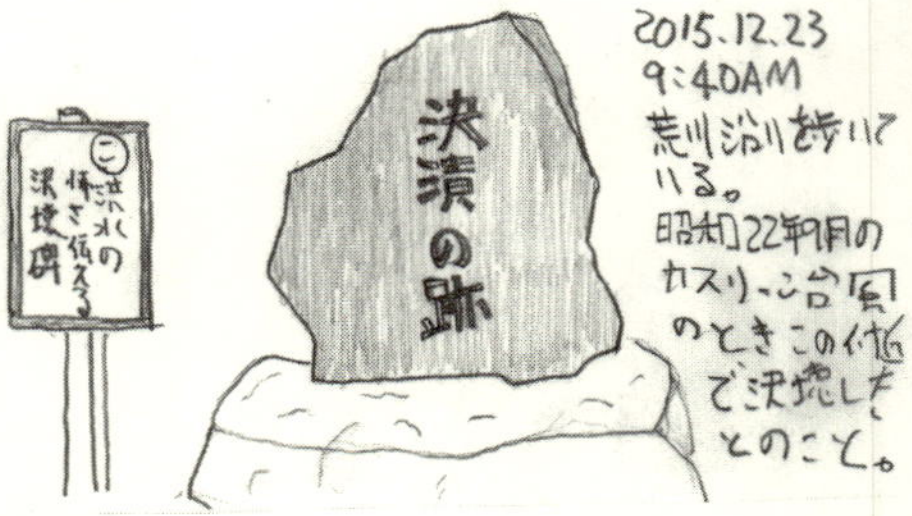

決潰の跡
洪水の怖さ伝える決壊碑
2015.12.23
9:40AM
荒川沿いを歩いている。
昭和22年9月のカスリーン台風のときこの付近で決壊したとのこと。

碑堤下久
ここで荒川とも離れる
2015.12.23 10:05
久下堤の碑
修堤の記録が書かれているとのこと。

【吹上】

▶2015年12月6日、23日

荒川の土手道は
赤城おろしで寒かった。
冬の中山道は手強い。

2015.12.23 10:40
東竹院
もうすぐ熊谷宿
井戸があった。
昔はよく見たが
最近見かけなくなった。

吹上駅に着いたのは2時半頃。この日歩いた距離は18㎞くらいだが、北風が強くて寒いので、ここで歩くのを止めた。

12月下旬に吹上駅から歩き始めた。吹上は鴻巣宿と熊谷宿間の距離が長い為、間の宿として発展した。この地名の由来は諸説あるが、このあたりで東京湾から吹く海風と上州赤城山などから吹いてくる赤城おろしがぶつかる境界であることから名付けられたとの説などがあるらしい。

東曜寺の大きなイチョウの木の下で準備を整えて、熊谷宿に向かって出発した。荒川の土手道を歩くのだが、この日は風が強くてとにかく寒かった。赤城おろしの向かい風で歩きにくかった。「決潰の跡碑」がある。昭和22年（１９４７年）９月のカスリーン台風でこの地点の堤防が決壊して大きな被害がでたとのこと。少し先にいくと「久下堤の碑」があり、修堤の記録が書かれているのだが字が薄くて読めない。ここで土手道を降りて荒川から離れたので、風は少し弱くなったが寒気がしてきた。風邪をひいたらしい。これはまずいと思い熊谷駅に向かった。冬の中山道は手強い。

8　熊谷宿

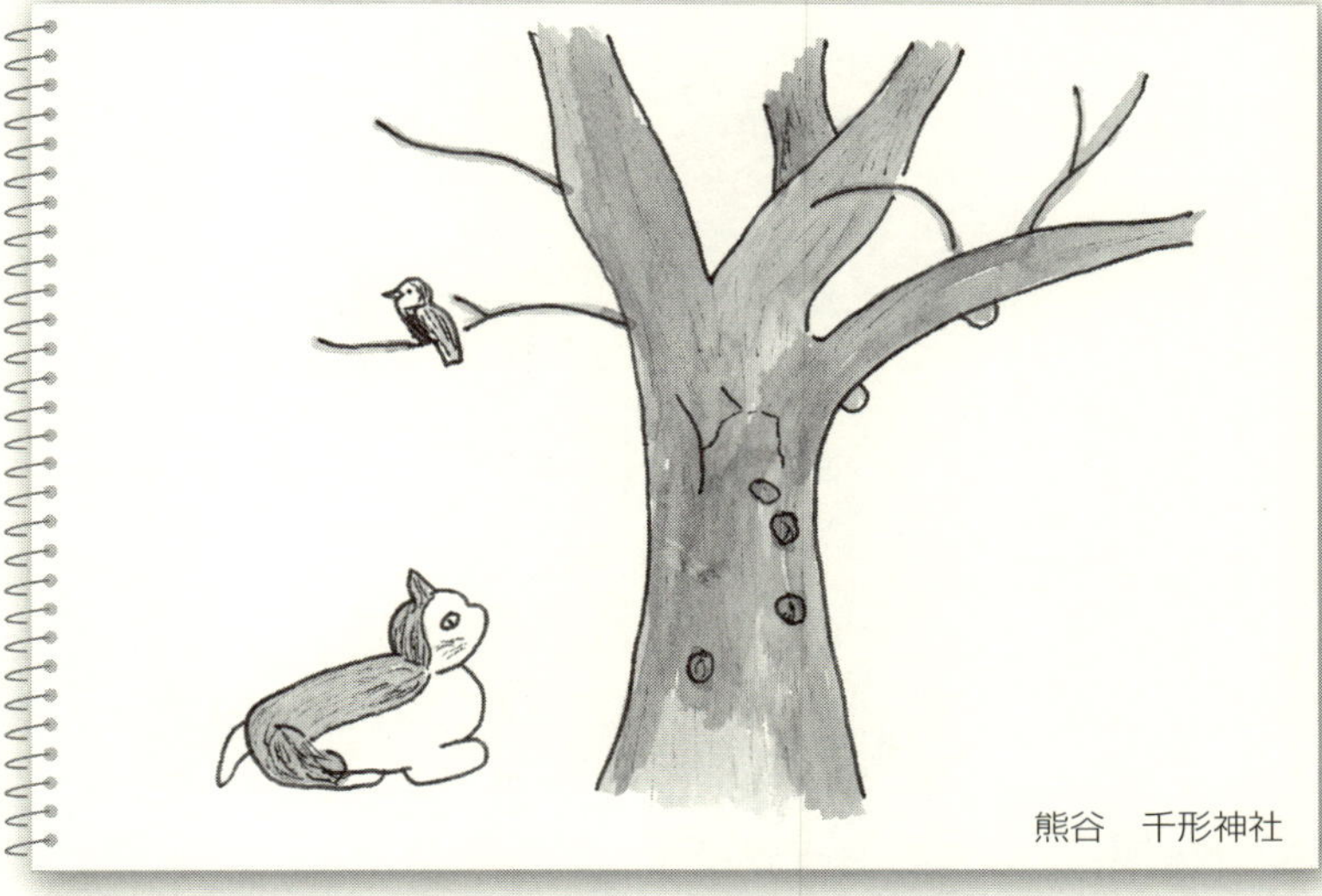

熊谷　千形神社

2015.12.23
11:40AM
熊谷直実像
あまりに寒い。
今日の旅は
ここで終わり。

樹令800年
2015.12.27
8:10 AM はれ
熊谷 高城神社
大きな「けやき」で
うろが
ある。
今日はここから
出発。

【熊谷】

▶2015年12月23日、27日

いよいよ泊まりがけの旅が始まった。

寒くて体調が悪い中、なんとか熊谷駅に着いた。駅前広場に熊谷直実像がある。熊谷直実は平家に仕えていたが、石橋山の戦いの後に源頼朝に臣従し御家人になった。一ノ谷の戦では平敦盛を討ち取った。後に出家して法然上人の門人になり蓮生と号した波乱万丈の人である。歌舞伎「熊谷陣屋」は人気の演目で、我が子を敦盛の身代わりに手にかけるつらい心情が描かれている。駅で温かいそばを食べて少し元気になったが、今回の旅は約2時間で7km歩いただけだ。まだ12時前だが、午後から雨の天気予報を言い訳にここでギブアップした。

4日後に旅を再開した。本庄宿泊まりの1泊2日で高崎宿までの旅だ。自宅を拠点とするには遠いので、これからは泊まりがけの旅となる。今回はダウンジャケットを着て防寒対策は万全だ。千形神社に寄るとシジュウカラが桜の木に止まっている。それを猫が木の下で狙っている。木に登ろうか迷っているようだが、あきらめていってしまった。少し歩くと「新島の一里塚」がある。最近まで高さ12mのけやきがあったらしいが、今は切られて切り株から新しい芽が出ていた。廻りが石で囲まれており、りっぱな一里塚だったようだ。

9　深谷宿

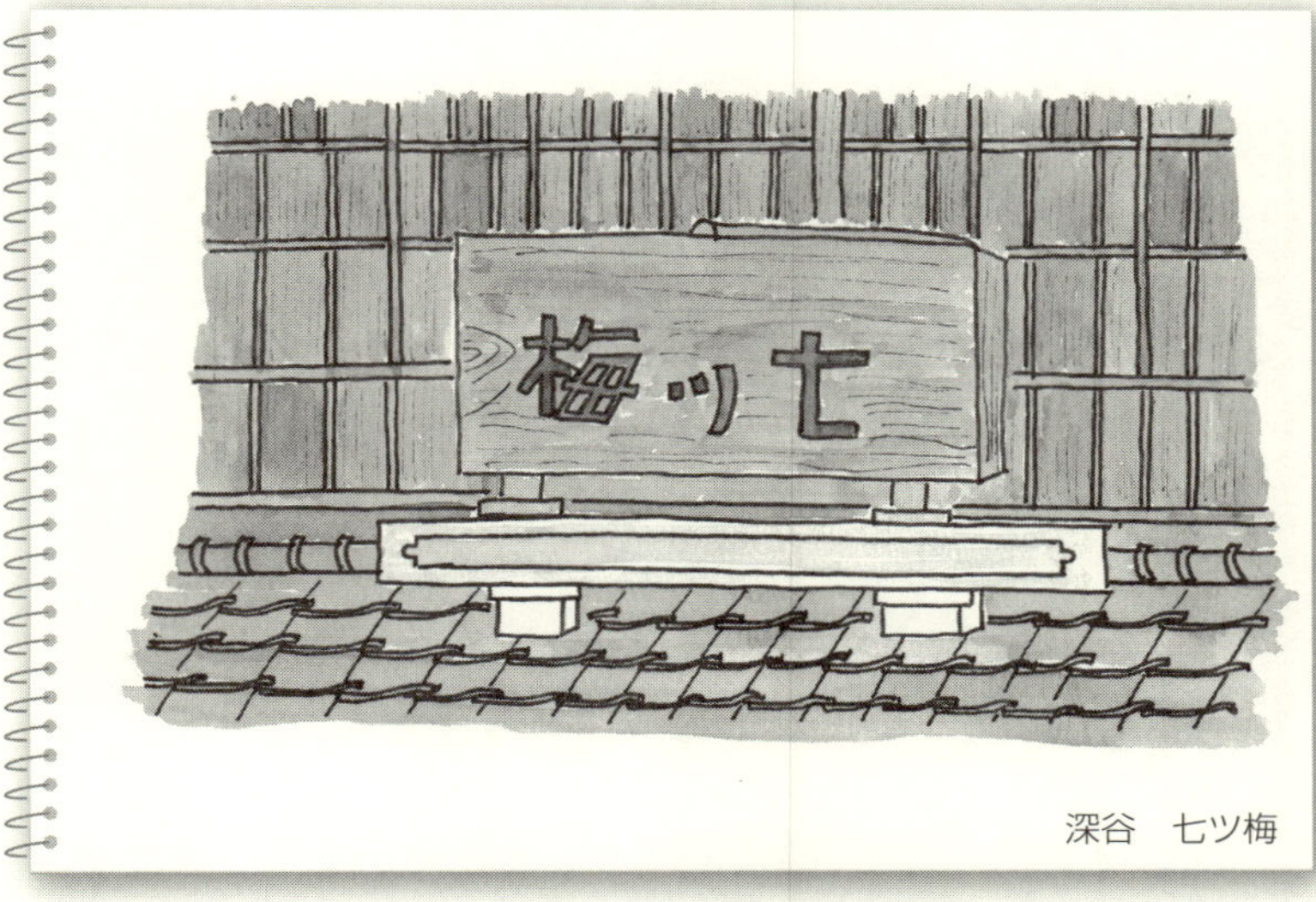

深谷　七ツ梅

【深谷】

▶2015年12月27日

深谷七ツ梅はレトロな空間だった。

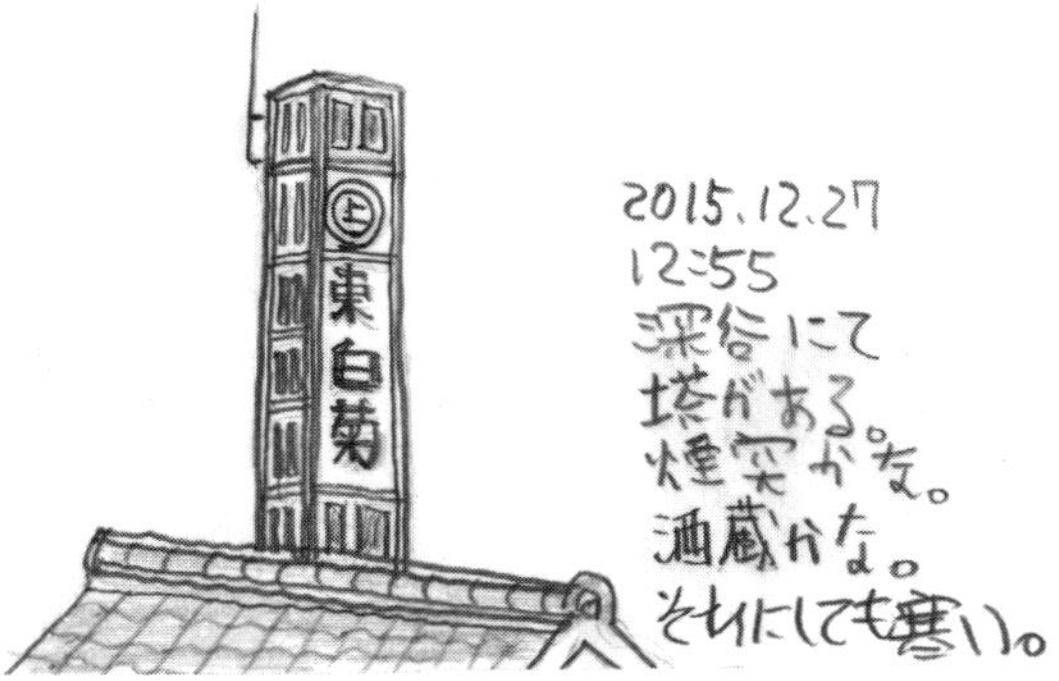
㊤
東白菊
2015.12.27
12:55
深谷にて
塔がある
煙突かな。
酒蔵かな。
それにしても寒い。

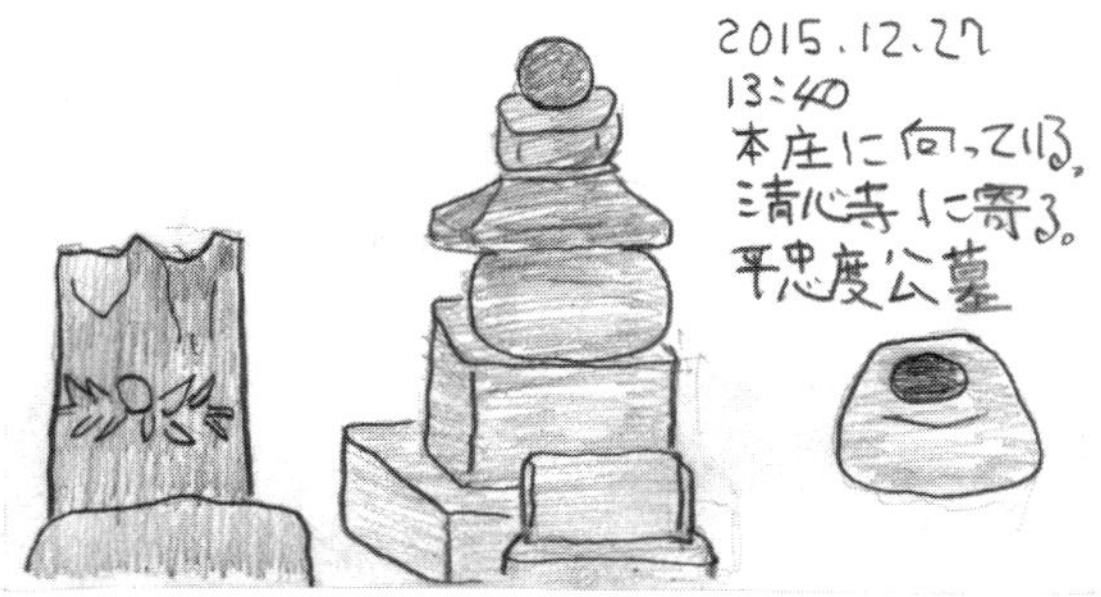
2015.12.27
13:40
本庄に向ってる。
清心寺に寄る。
平忠度公墓

中山道からは少し外れるが深谷駅に寄る。煉瓦造りで東京駅を小さくしたような外観だ。深谷と言えばネギが有名だが、煉瓦の街でもある。明治20年（１８８７年）に創業した日本煉瓦製造株式会社は平成18年まで存続した。この会社は日本最初の機械式煉瓦工場で、渋沢栄一らによって設立された。

中山道に戻り歩いていくと、酒蔵の煙突がありいい雰囲気だ。七ツ梅と書かれたりっぱな看板を掲げた店がある。その横の通路を入っていくと煉瓦の煙突がありレトロな空間が広がっていて、いろいろな建物がある。ここは「七ツ梅酒造跡」といい廃業した酒蔵の建物を利用して店やシネマ館に運用しているとのことだ。旅の途中なので見学できなかったが、深谷には煉瓦資料館や渋沢栄一ミュージアムがあり、この旅が終わったら見学に訪れたい。深谷宿は煉瓦が印象に残る魅力のある街だった。そして煉瓦の煙突を見ながら本庄宿に向かった。

10 本庄宿

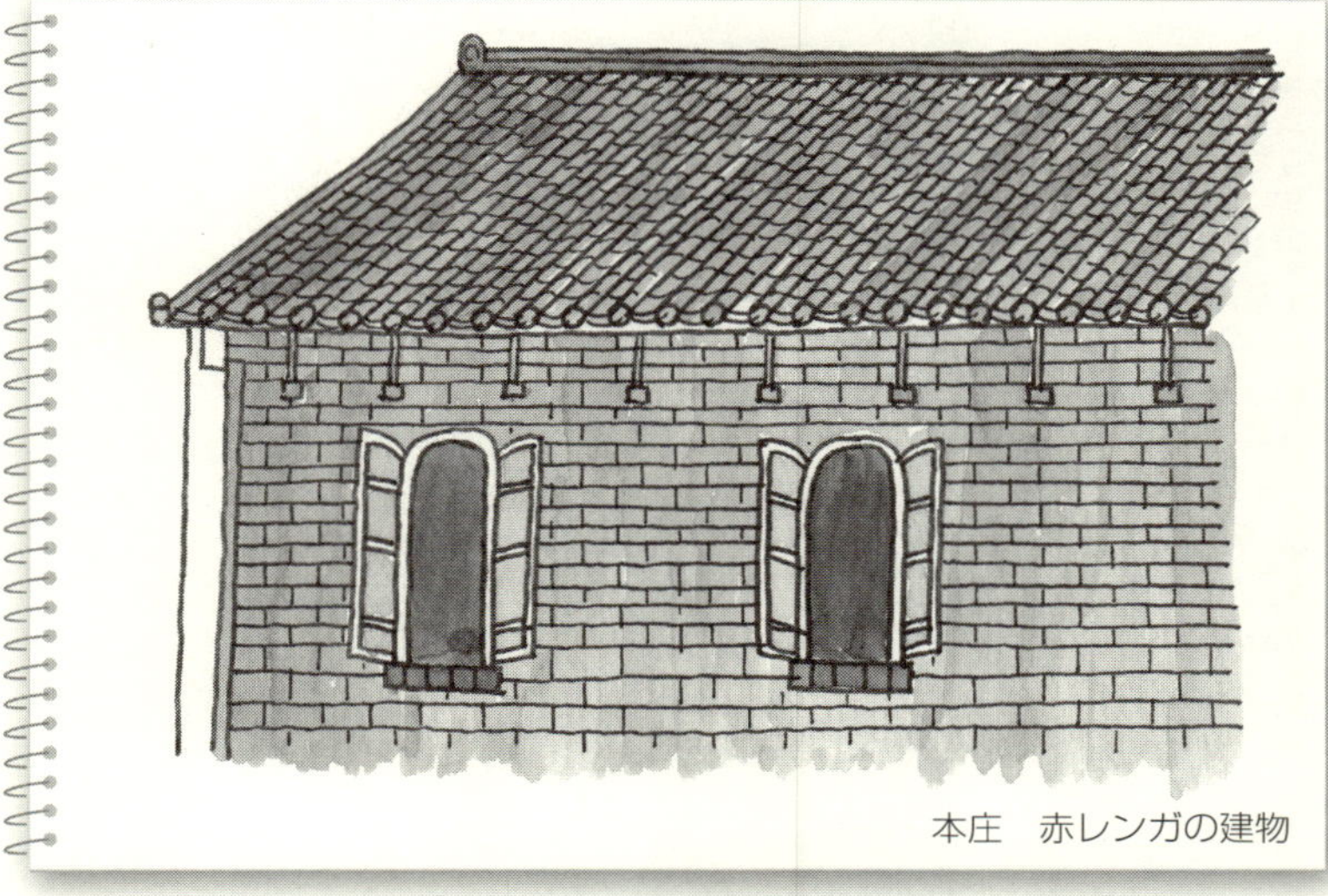

本庄　赤レンガの建物

2015、12、27
15:00
本庄への途中。
左赤城。風強く
浅間山は白いね

2015、12、27　15:10　本庄へ向っているも風強烈
滝岡橋を渡って土手を歩いている。浅間山を眺める。

【本庄】

▶2015年12月27日～28日

本庄と言えばこの人
『塙保己一』。
商店のシャッターに描かれていた。
「世のため、後のため」

深谷宿から、強い向い風の中を歩いてきたが、上州の空っ風はここ本庄を直撃しているかのようだ。また、このあたりは平地で風を遮るものは何もない。浅間山は雪で白く覆われていて、その方向からの風を正面に受けるのだから寒いはずだ。滝岡橋を渡る時に土手道を歩いたが、強烈な風に見舞われた。非常に寒い中を歩いたので、一刻も早く今日の宿に着きたかった。そのような中を歩いていくと、漆喰がとれて下地の土と竹が見えている門があった。きれいな漆喰の白壁よりも味がある。

本庄宿に入ったのは夕方の4時半を過ぎていて暗くなり始める時刻だった。店のシャッターに「塙保己一」が描かれているのに気付いた。本庄を代表する偉人で江戸時代の盲目の国文学者である。これを見た限りは暗くなろうとスケッチをしない訳にはいかない。そのためホテルに入った時は体が冷え切り、廻りは完全に暗くなっていた。

この日はやはり寒かったのか、夜中の1時に寒くて目が覚めた。そしてエアコンを入れて寝た。朝起きた時には朝風呂に入って体を温めた。朝のテレビニュースによると、今シーズンで一番寒いとのことだ。

ホテルを出発して次の新町宿に向け歩いていると、赤い煉瓦の大きな建物がある。あいにく保存のための工事中で、内部には入れないが外観を眺めていた。窓がアーチになっているしゃれた建物だ。本庄宿は古い建物が多く、特に蔵が目に付く。

しばらく歩いていくと、歩道に中山道の宿場名がはめ込まれている。こういう気遣いはうれしい。これから行く宿場町に想いをはせた。そこはどんな所だろう。そしていつ頃着くのだろう。描いた中にある「武佐」や「守山」はどこにあるのだろう。

11 新町宿

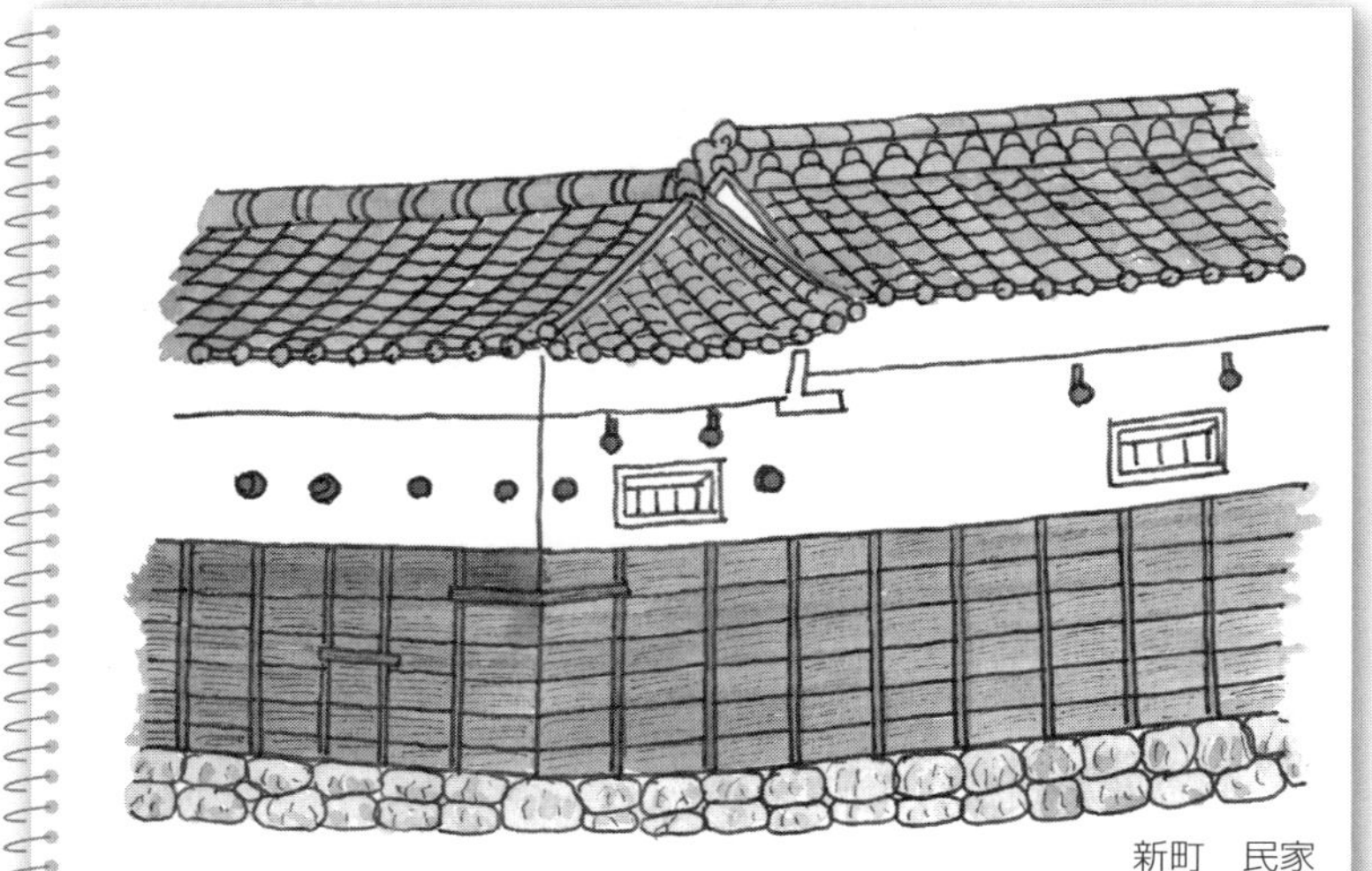

新町　民家

【新町】

▶2015年12月28日

山々の景色がすごい。
新町は中山道で一番新しい宿場。

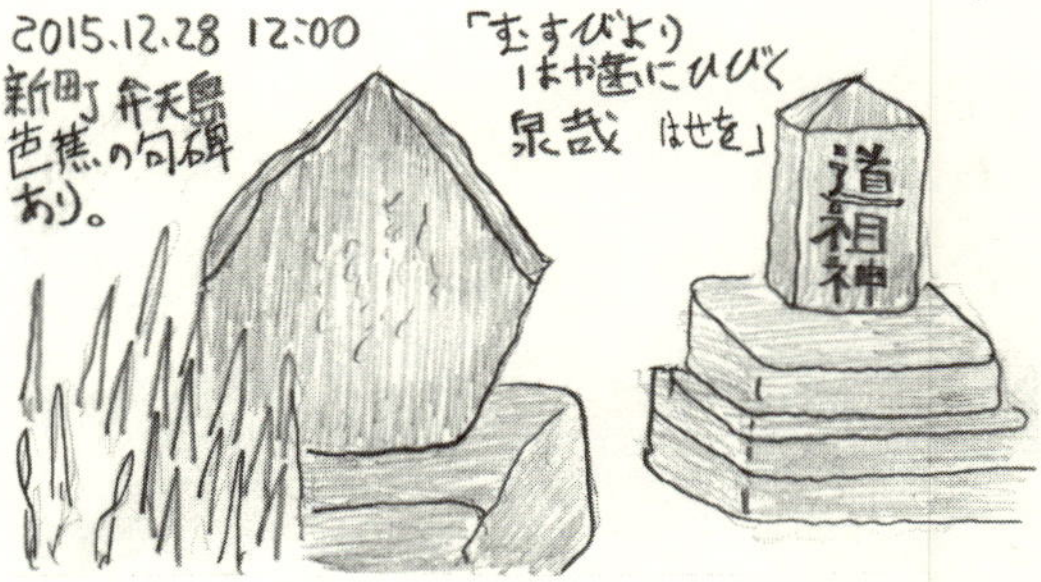

朝は寒かったのだが、歩いているうちに昨日とは変わり風もなく日も差して暖かくなった。寒いと背中に力が入り疲れるのだが、今日は快適に歩ける。最初に寄った陽雲寺では椿やコスモスが咲き、ヒヨドリが元気に鳴いていた。しばらく日向ぼっこをしていたが、天気が良い時に歩く冬の旅は楽しい。

神流川橋まで来ると廻りの山々がよく見える。日光の男体山や浅間山、榛名山や赤城山を望める。高い山々の頂きは真白だ。浅間山は噴煙をあげているようだ。下を流れる神流川を越えると武蔵国から上野国に入る。

ここで埼玉県と別れて群馬県に入った。この付近の神流川原は織田信長が本能寺の変で倒れた後、家臣の滝川一益が北条氏と戦った場所である。滝川軍は北条軍の大軍に挑み3千人以上の死者を出して敗れた。

新町宿は中山道で最も遅く宿場に指定された。これにより中山道は69宿となった。本陣跡近くの弁天島公園で昼食とした。芭蕉の句碑があり、「むすびよりはや歯にひびく泉哉」と刻まれている。横の道祖神もいい。さらに歩くとすごい白壁の家がある。江戸時代の豪農で屋敷は国有形文化財とのこと。白壁に配置された窓と飾り、その下の腰壁や石積みの基礎の組み合わせがすばらしい。私は学校で建築を専攻していたので、いい建物の前ではつい足を止めてしまう。

12 倉賀野宿

倉賀野　柳瀬橋付近からの荒船山と妙義山

2015.12.28 14:20
倉賀野神社本殿
おもしろい彫物がたくさん
ある。

2015.12.28
14:30
高山寺へ向っている。
道の正面にはずうっと
浅間山がある。

【倉賀野】

▶2015年12月28日

鳥川の土手道から見た
上州の山々はすばらしい景色だった。

新町宿を出てしばらく歩くと烏川の土手道に出る。柳瀬橋付近からの景色はすばらしく、荒船山や妙義山の特徴的な山容が望める。天気も良く風もないのでしばらく廻りの山々を眺めていた。荒船山にはいつか登りたいと思っている。この烏川は利根川の支流で、ここは米などを江戸に送り、江戸からは塩などの産物を持ち帰った集積地だった。また倉賀野宿は日光例幣使道の追分であり、おおいに栄えた宿場だった。例幣使とは天皇の代理として、朝廷から神への毎年の捧げものを指す例幣を納めに派遣された勅使をいう。その勅使が日光東照宮へ行くのに通る道なので日光例幣使道という。

柳瀬橋を渡り倉賀野宿の中心地に入っていく。倉賀野はあまり古い建物は残っていないが、黒い塀や外壁の大きな家が目に付く。黒色の塀や壁は建物に引き締まった感じを与えている。倉賀野神社に寄った。本殿はたくさんの彫り物がなされていて見ていて飽きない。けっこう複雑な彫り物が多く、双眼鏡で確認しながら見た。おもしろい彫り物に昔の職人の遊び心を感じた。

次の高崎宿へは道の正面に浅間山を見ながら歩いていった。雪に覆われた白くりっぱな山容を見て、これからしばらくの間、中山道の旅はこの山が旅の主役になると思わせる堂々とした姿だった。

13 高崎宿

高崎　大信寺　徳川忠長の墓

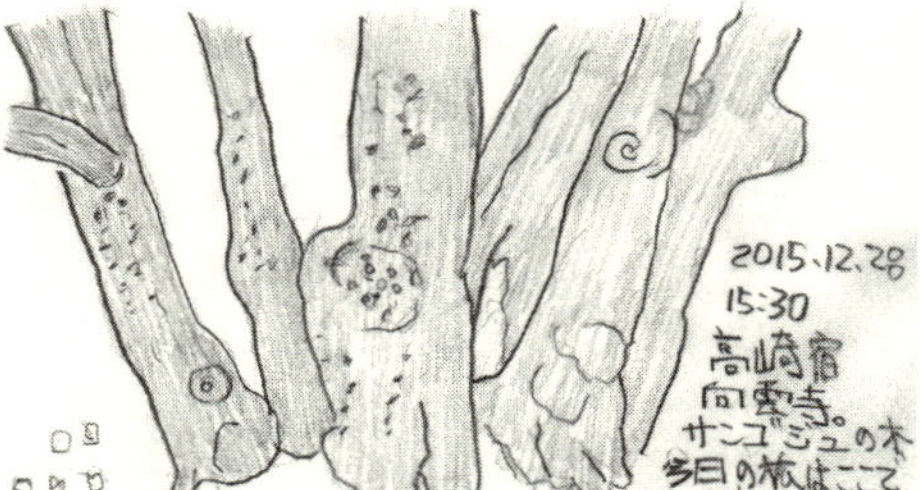

【高崎】

▶2015年12月28日、
2016年３月20日

大信寺徳川忠長の墓は、
一般の人の墓と共にあった。

熊谷宿から始めた本庄宿泊まりの1泊2日の旅は、ここ高崎宿で終わりとした。最後に寄ったのは向雲寺だ。この寺は高崎を治めていた井伊直政が近江の佐和山に移封となった後、酒井家次が入城し開基となって建立した。大きなサンゴジュの木があり、それを見ながら今回の旅を振り返った。最初の泊まりがけの旅は楽しかった。中山道徒歩の旅は宿泊して日常から離れて夜を過ごすことで、旅について深く考える時間を持てるのがいい。高崎駅から急行電車で大宮に向ったが、次回からは新幹線を使うことになりそうだ。

高崎から先の中山道の冬は寒く雪が積もる地域を通るので、旅の再開は翌年の3月からとした。大宮駅を朝の6時半頃に出る新幹線に乗ったが、自由席はけっこう混んでいて、大宮駅を出発した時は満席の状態だった。最初に訪れたのは大信寺である。ここには徳川忠長の墓がある。忠長は三代将軍家光に疎まれて高崎城内に幽閉され、１６３３年に自刃させられた。忠長の墓は塀で囲われているが、廻りには一般の人の墓があるのが不思議である。死後も徳川家からは特別な扱いはされなかったのだろうか。

高崎は大都市だけに昔の街道筋の雰囲気は残っていない。ただし寺社は多い。その中で長松寺に寄り咲き始めたコブシを眺めた。花が咲き始める季節となった。この長松寺の書院は徳川忠長が自刃した部屋を移設したとのことだ。中山道の旅は歴史を感じさせる。

14 板鼻宿

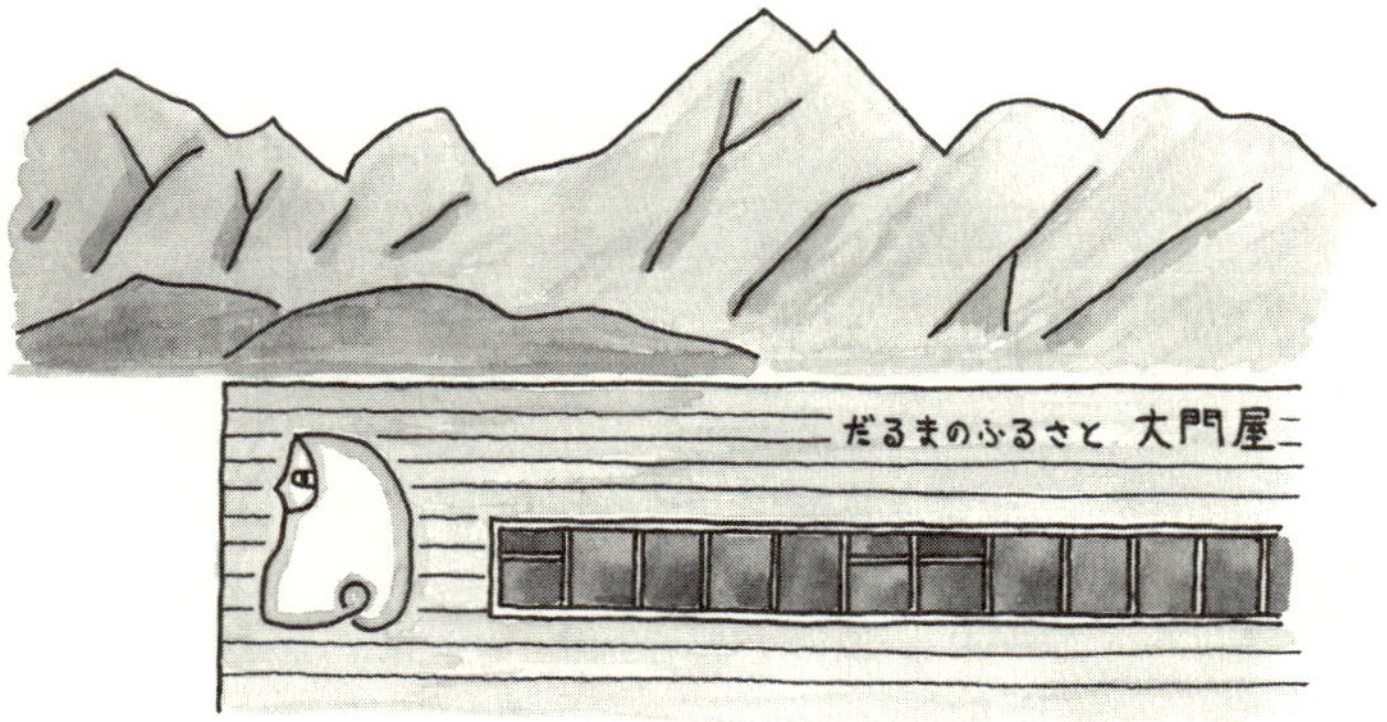
だるまのふるさと 大門屋

板鼻　碓氷川沿いからの榛名山

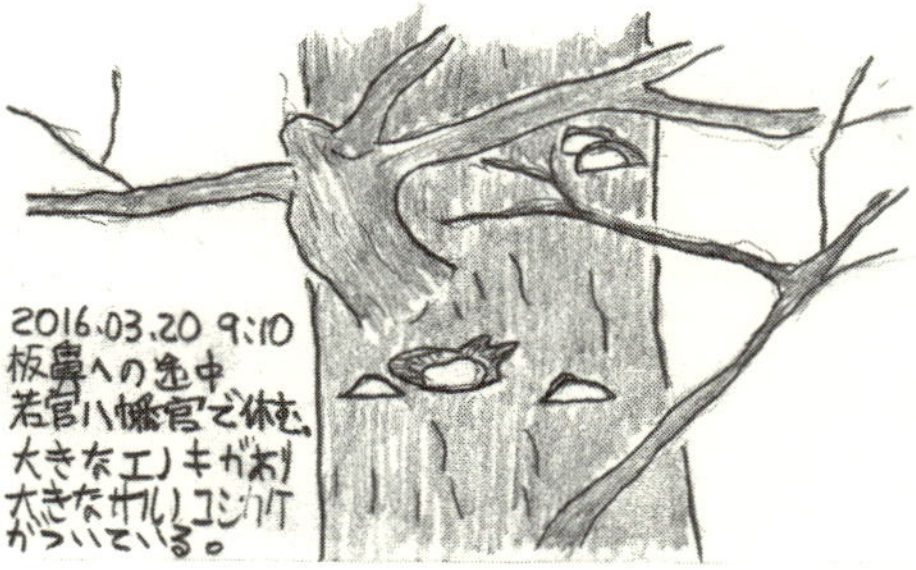
2016.03.20 9:10
板鼻への途中
若宮八幡宮で休む。
大きなエノキがあり
大きなサルノコシカケ
がついている。

2016.03.20 9:40AM
板鼻へ向っている。
すごい旧家があり、屋根
を見ている。

【板鼻】

▶2016年３月20日

板鼻はダルマが楽しい街だった。

高崎宿から板鼻宿にかけてはダルマを扱っている店が多い。大小様々なダルマがあるので見ていて楽しい。若宮八幡宮に寄った。平安時代の永承六年（1051年）、源頼義、義家父子が奥州安倍氏反乱を鎮圧する途中、戦勝を祈願して建立したとのこと。大きなエノキがあり、幹にサルノコシカケがたくさんついている。このサルノコシカケは大きくて子猿なら腰掛けられそうだ。若宮八幡宮を後にして歩いていくと、碓氷川に着く手前に大きな旧家がある。屋根の棟には煙を出すためだろうか、窓がありそれもアクセントになって、棟部分の瓦の装飾がすごい。何か圧倒される迫力がある。

中山道は碓氷川に沿った車道なのだが、それに平行した土手道があるので、そちらを歩いた。土手道はすこし高くなっていて、碓氷川と廻りの山々の両方が見られる。この日は天気がよく、榛名山、赤城山、妙義山などがよく見えた。川の対岸にはダルマ市で有名な達磨寺があるのだが、寄れなかったのは残念だった。橋が近くにないので、対岸に行くにはかなり遠回りになるので時間が取れなかった。ダルマの絵が描かれた建物とその背後にある榛名山を眺めたり、時折碓氷川の河原に降りたりして土手道を歩くのは楽しかった。

15 安中宿

安中　新島襄旧宅

【安中】

▶2016年３月20日

貯水塔に描かれた安中遠足に
ユーモアあり。

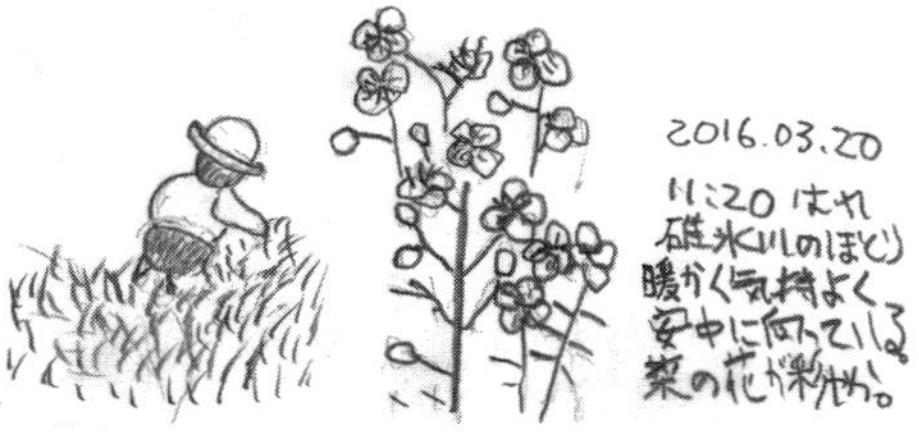

板鼻から碓氷川沿いに歩いてきて久芳橋を渡ると安中宿の中心に入っていく。碓氷川のほとりでは菜の花がきれいだった。安中は見所が多く観光にも力をいれているようだ。寺社の他にも武家長屋、安中教会、奉行役宅などがある。中山道の旅とは別にゆっくり見学したい場所だ。

新島襄旧宅に寄った。新島襄は安中藩士新島民治の長男として安中藩江戸屋敷で生まれた。ここは新島襄の両親が暮らしていた家で、新島襄がアメリカから帰国した際、３週間滞在したとのことだ。新島襄旧宅と言うより、新島家旧宅と言う方が正確である。新島家は明治９年に京都に引っ越した後、ここには他人が住んでいたが、昭和37年11月に空き家になったのを機会に保存運動が盛り上がり、安中市が購入したとのこと。

安中で一番印象に残っているのは給水塔に描かれた中山道を走る安中藩士の絵だ。浅田次郎氏の小説「一路」にも出てくる安中遠足である。刀を差して競うように走っている絵にはユーモアがあり、この町のゆとりを感じた。

2016.03.20
14:30
安中
給水塔に
安中遠足
が描かれて
いる。
ユニークだ。

16 松井田宿

松井田　妙義山

2016、03.20　15:00 はれ
松井田を前にして。妙義山が大きくなってきた。
梅の花がきれいだ。

ウグイスの鳴声と梅
2016.03.21　8:30AM
松井田の八瀬川　シメ,ホオジロ
アオジ,ツグミを見る。

【松井田】

▶2016年３月20日〜21日

松井田から見る妙義山は
迫力があった。

松井田宿を訪れたのは3月下旬で、ビジネス旅館に一泊した。まだ梅が咲いていた。松井田での印象は何と言っても妙義山である。ごつごつした山容で迫力がある。この松井田から見るのが一番いい形をしていると思った。妙義山には今から20年くらい前に登ったことがある。標高はさほど高くないが、危険なケ所もある山だった。その時に通った「丁須の頭」を双眼鏡で確認することができた。スピルバーグ監督の映画に登場するＥＴに似た形をしている岩だ。この日は旅館のティシュを全部使うほど花粉に苦しめられた。

翌日は車道から離れて川沿いの道をバードウォッチングをしながら歩いていった。冬鳥の鳴き声にはげまされている感じだった。しばらく歩くと屋根の棟がすごい旧家がある。透かし彫りのような模様で、棟飾りもまたいい。さすが街道筋の家で中山道の財産だなと思いながら坂本宿に向け歩いた。

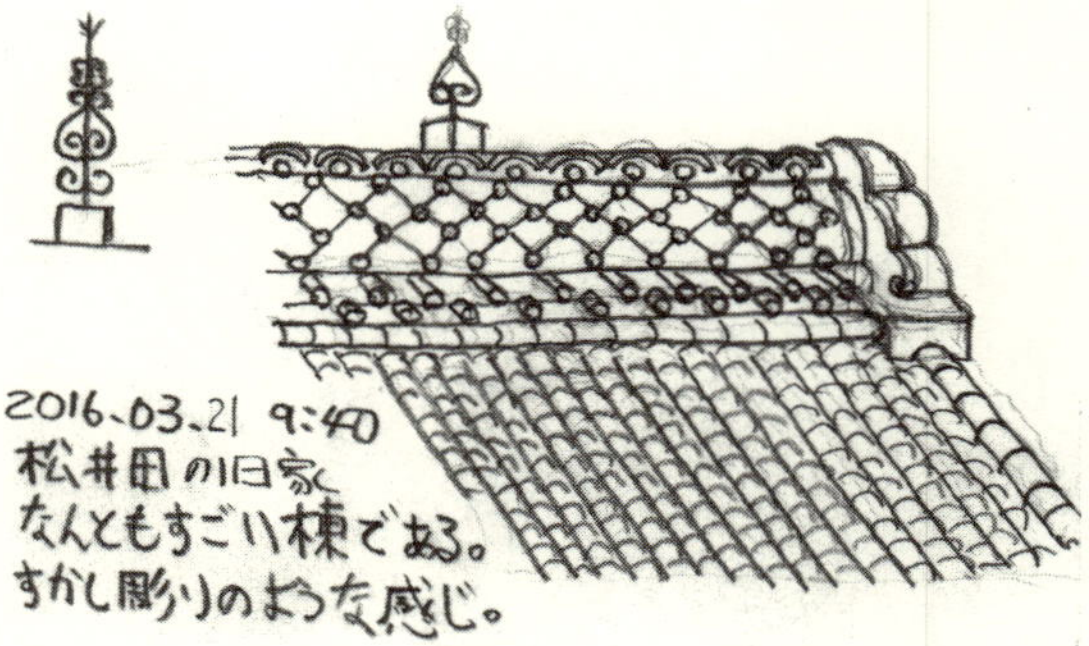
2016.03.21 9:40
松井田の旧家
なんともすごい棟である。
すかし彫りのような感じ。

2016.03.21
10:15AM
松井田八幡宮
に立ち寄る。

17 坂本宿

坂本　雪解け後に咲く花々

2016.03.21 11:10
フキノトウの群落を見る。
彩やかな黄緑

2016.03.21
13:10
碓氷関所跡
に寄る。

【坂本】

▶2016年３月21日、４月２日

雪解け後に芽吹いたフキノトウや
梅と菜の花はきれいだった。
そして坂本宿には
かっこいい家がたくさんあった。

坂本　梅と菜の花

松井田宿から坂本宿への道は、花の美しさが印象に残る。フキノトウが多くみられたのは、雪解け間もなかったからだろう。春の花々が風に揺れていた。天気にも恵まれたので、日差しが花にあたり、黄色、緑、紫がきれいだった。

中山道を歩くと、神社や寺、昔の建物は当然のように目に入る。私は大学での専攻科目は建築系で、卒業後は住宅の仕事をしていたので、古い建物に興味がある。しかし、あまりに頻繁にそのような建物を見続けると感覚がマヒするのか、感動の度合いが小さくなり、感動のマンネリ化状態になる。そのような時に自然のきれいな景色を見ると、別の感動する心が復活する。雪解け後に芽吹いたフキノトウの黄緑色はまさにそんな感じだった。

坂本宿は釜めしで有名な「横川駅」付近にある。その近くに碓井関所跡があり、門が残されていた。今回の旅はここまでで、次回はこの門から碓氷峠を越える旅となる。

旅の再開は2週間後だった。この日は坂本から碓井峠を越える日である。碓氷峠に雪がある間を避けていたので、4月早々からとした。朝の8時頃に横川駅に着き、碓井関所跡に行った。そこに資料館があり、管理する人達が開館の準備をしていた。ボランティアでやっているとのこと。まだ時間前だったが、中に入れてくれて展示資料の説明をしていただいた。これから碓氷峠を越えて軽井沢を通り沓掛まで歩いて行くと言ったら驚いていた。碓氷峠にはもう雪はほとんどないだろうとのことだ。資料館では30分くらい過ごしてから出発した。

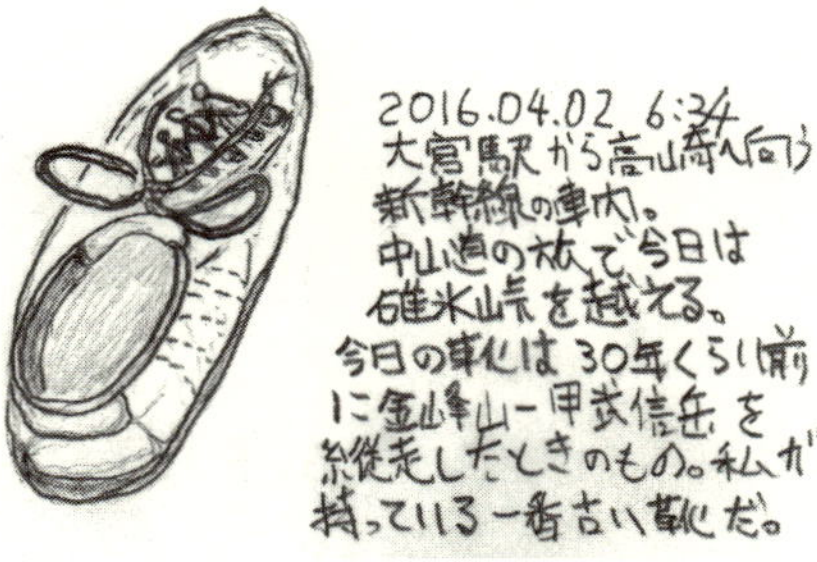

しばらく歩くと坂本宿の入り口に着き、正面に刎石山が望める。その山を通って碓井峠を越えるのだ。説明文があり、「雨が降りゃこそ松井田泊まり、降らにゃ越します坂本へ」と書いてある。雨が降らない時の方が多いだろうから、松井田宿より坂本宿の方が賑わったのだろうか。坂本宿は昔からの街道筋らしいすごい家が多い。各々の家には屋号が掲げてある。その中で米屋という家をスケッチした。実にかっこいい姿をしている。家並みを楽しみながら碓井峠に向かった。中山道を歩き出して最初の峠越えだ。少し気合が入った。

碓氷峠

碓氷峠　熊野神社

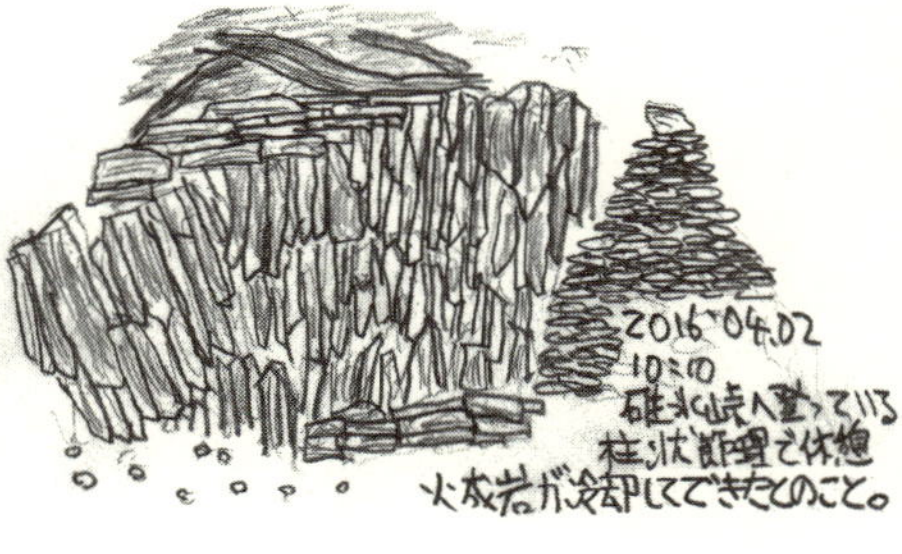

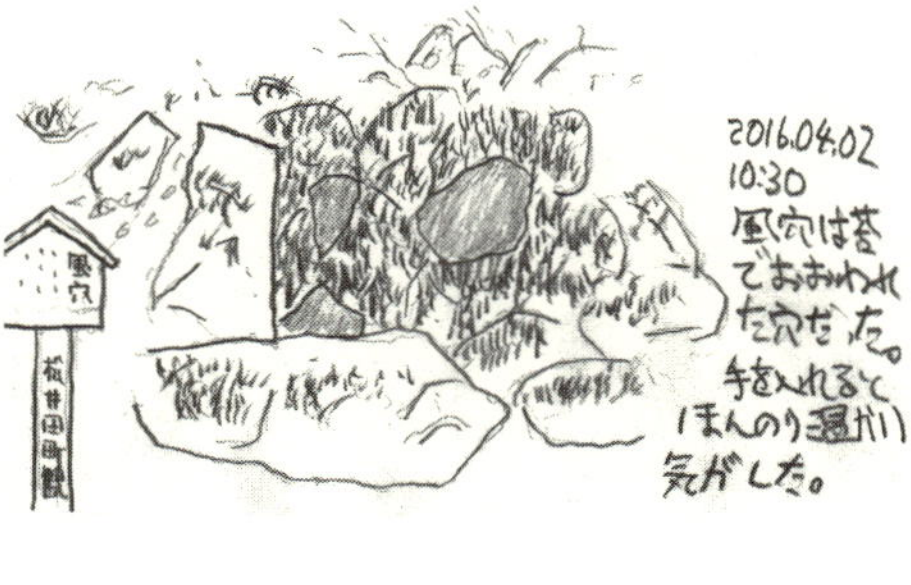

【碓氷峠】

▶2016年４月２日

碓氷峠の県境には
赤い線が引いてあった。

碓氷峠は冬には雪が積もるのでその時期を避けるのと、夏には山蛭が出るのでその前に通過したいと思っていたので4月早々に歩くことにした。所々に雪は残っていたが、落ち葉を踏みしめながら歩く道は楽しく、初心者用の登山コースという趣だった。舗装された道路を歩くよりははるかにおもしろい。バードウォッチングをしながら登った。柱状節理という火成岩が冷却する際にできる縦状に割れた岩など見どころも多かった。頂上に着くとそば屋があり、そこには地面に赤い線が引いてある。群馬県と長野県の県境のようだ。これより信濃の国に入る。峠には熊野神社があり、参拝して旅の安全と家族の健康を祈った。本殿の裏にあるシナノキは太くて貫禄があった。樹齢は800年とのこと。

碓氷峠を越えたので中山道歩き最初の難関を突破した。私は登山を趣味としているせいか、峠越えはあまり苦にならないようだ。

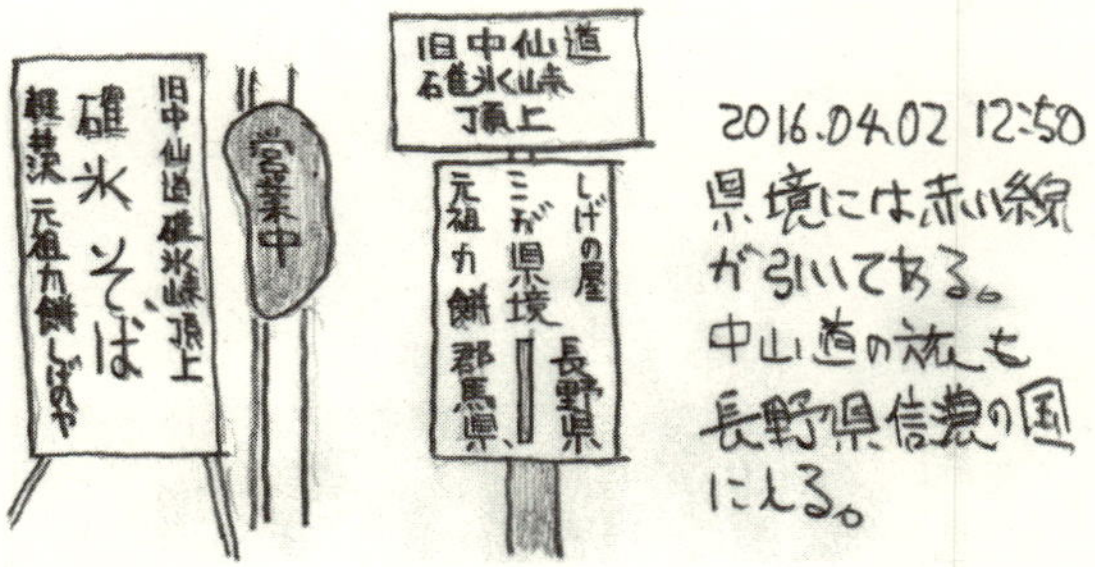

18 軽井沢宿

軽井沢　ショーハウス

【軽井沢】

▶2016年４月２日

軽井沢は銀座のような雰囲気だった。

碓井峠から軽井沢宿へ出る道はわかりにくかった。途中ガードレールを跨いで細い道に入って歩いたが、この道が正しいルートだったかはよくわからない。下っていけばなんとかなるだろうと思い、歩いているうちに車道に出た。道なりに進むと、急に観光客らしき人が増えた。そこがショーハウスで軽井沢の別荘第1号とのことだ。中に入ると窓に映る木々の緑がきれいだった。

軽井沢は中山道の宿場であったが、明治に入ると往来する人も少なく衰退していた。そんな頃の明治19年にカナダ人宣教師アレキサンダー・クロフト・ショー師は、東京の猛暑を避けて軽井沢を通った時に、その涼しさと自然に感嘆してひと夏を過ごした。そしてこの地を「屋根のない病院」と呼び絶賛した。彼は明治21年軽井沢に最初の別荘を建てた。それが軽井沢の別荘を生み出す基となった。

ショーハウスまでの道は廻りを木々に囲まれた環境であったが、さらに歩いていくと、観光客が多くなり東京の歩行者天国のような状態になった。私には全く馴染めない状況となり、休憩することもなく早々に次の宿場である沓掛に向かった。

しばらく歩いていくと、向うから旅人らしき風体をした人が来る。この人は中山道を京都から歩いてきて、今日は松井田まで行くと言う。軽井沢はホテルの宿泊料金が高いので泊まらないとの事だ。その方が持っているパンフレットの地図を見ると、私の通った道は「通行不可」と書かれている。どうりでわかりにくかったはずだ。旅人どうしの情報交換は大切だと思った。

19 沓掛宿

沓掛　浅間山

【沓掛】

▶2016年４月２日～３日

浅間山を見ていた時、
近くに止まった蝶は
オレンジ色のブローチのようだった。

19　沓掛宿

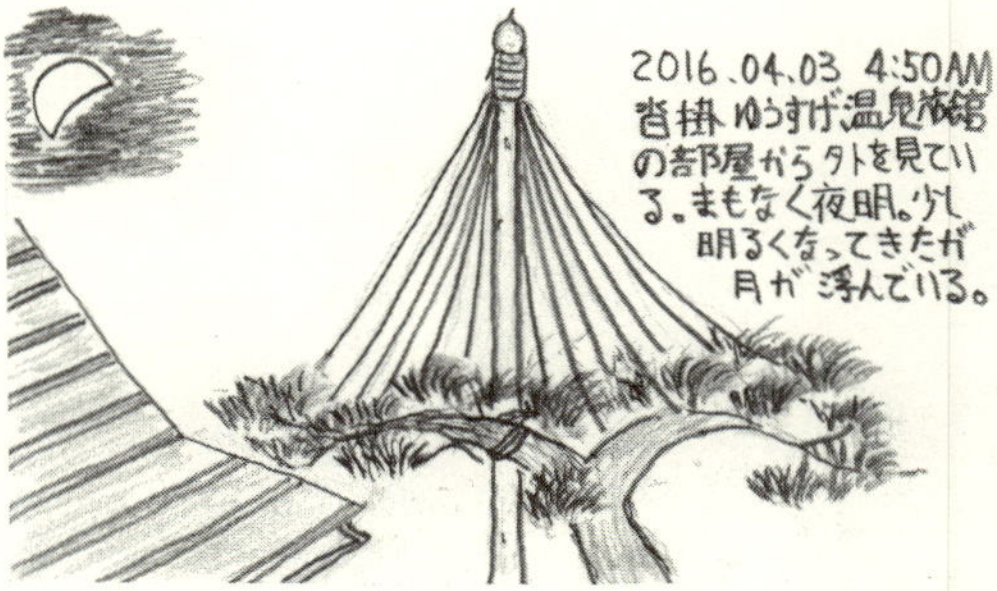

沓掛宿に向け歩いていくと右側に見える浅間山は大きく、まだ雪が残っている。気品と風格がある山容を見ながらの歩きはこのうえなく楽しい。スケッチをしていると、オレンジ色に黒い模様のある蝶が近くに止まった。灰色と白のモノトーンの山に一点の鮮やかなブローチが加わった気がした。

市村記念館で休憩した。ここは近衛文麿の別荘跡に建てられたしゃれた洋風の家だ。庭にはフキノトウがたくさん顔を出していた。しばらく歩くと馬頭観音群があり、その近くの「ゆうすげ温泉旅館」に宿泊した。碓井峠を越えたこともあり、安心したのでビールを2本飲んだ。夕食はおいしかったのだが、量が多く少し残してしまった。私は出された食事は全て残さずに食べる主義なのだが、食べきれなかった。申し訳ない旨のメモを置いて部屋に戻った。ビールは1本で止めておけばよかったと反省した。

夜中に目覚めて外を見ると、月が輝いている。部屋の明かりをつけると窓ガラスに照明が反射して外の景色が見えなくなるので、記憶にとどめて寝ることにした。5時前に起きると洗面所の窓からはまだ月が見え、窓下にはみごとな松がある。それを保護する雪吊りときれいに調和していた。寒さを忘れてしばらくの間見続けた。

20 追分宿

追分　つがるや

【追分】

▶2016年４月３日

追分は文化的な匂いがする街だった。

追分宿を前にして遠近宮に寄る。ここの御神体は浅間山で木々の隙間から見える。キジの鳴き声が大きく聞こえるのどかな所だ。追分宿に着くと追分宿郷土館に入った。旅籠を模した鉄筋コンクリート造の建物で、追分ゆかりの品々が展示してある。復元した茶屋コーナーを見ていると、自分も旅人のひとりになった気がしてくるのは、私が中山道を歩いているせいか。じっくりと見学したいのだが、先を急ぐ旅なので30分ほどで退出する。そして、近くの堀辰雄文学記念館に入った。ここの門は本陣の裏門を移築したものだ。書庫が敷地内に独立して建っている。渋い建物で内部は壁面が2面本棚になっている。この建物ができて10日ほどで、堀辰雄は亡くなったとのことだ。堀辰雄の作品はまだ読んだことがないので一度読んでみよう。書庫を見ながらベンチで日向ぼっこをしてくつろいだ。

2016.04.03　12:20
小田井への途中、大山神社に立寄る。浅間山は後に見えるようになった。
道祖神
道祖神
馬頭観世音

さらに少し歩くと、「追分の分去れ」という中山道と北国街道の分岐点に着く。右に行けば北国街道で越後方面に向かう。そこには大きな常夜灯が建っている。追分宿の「追分」名はここから付いたと思われる。このあたりは道が桝形になっていたのだろう。近くに「つがるや」と「桝形」いう文字が漆喰の壁に浮き出た民家がある。風格のある壁が非常に目立つ建物だ。

ここ追分宿にはアトリエが道に面してたくさんある。堀辰雄文学館を見学したせいか、何か文化的な匂いのする街である。

追分宿を後にして歩いていくと大山神社がある。道祖神や馬頭観音を見て後ろを振り返ると浅間山がそびえている。浅間山を通り過ぎる所まで来たのだと思った。畑の中にある御代田の一里塚を見て、今回の一泊二日の旅を終えた。旅を振り返りながら、しなの鉄道御代田駅にゆっくり歩いていった。

御代田駅では電車を待つ間に「追分の分去れ」を何故スケッチしなかったのだろうと反省していた。本来なら追分宿を代表する一枚は、分岐にある常夜燈と石碑だったはずだ。そこを案内板の説明を読んだだけで通り過ぎてしまった。今日が旅の最終日だったので、私の気持の中に早く家に帰りたいとの思いがあったのだろう。ゆっくりした旅を心がけよう。

21 小田井宿

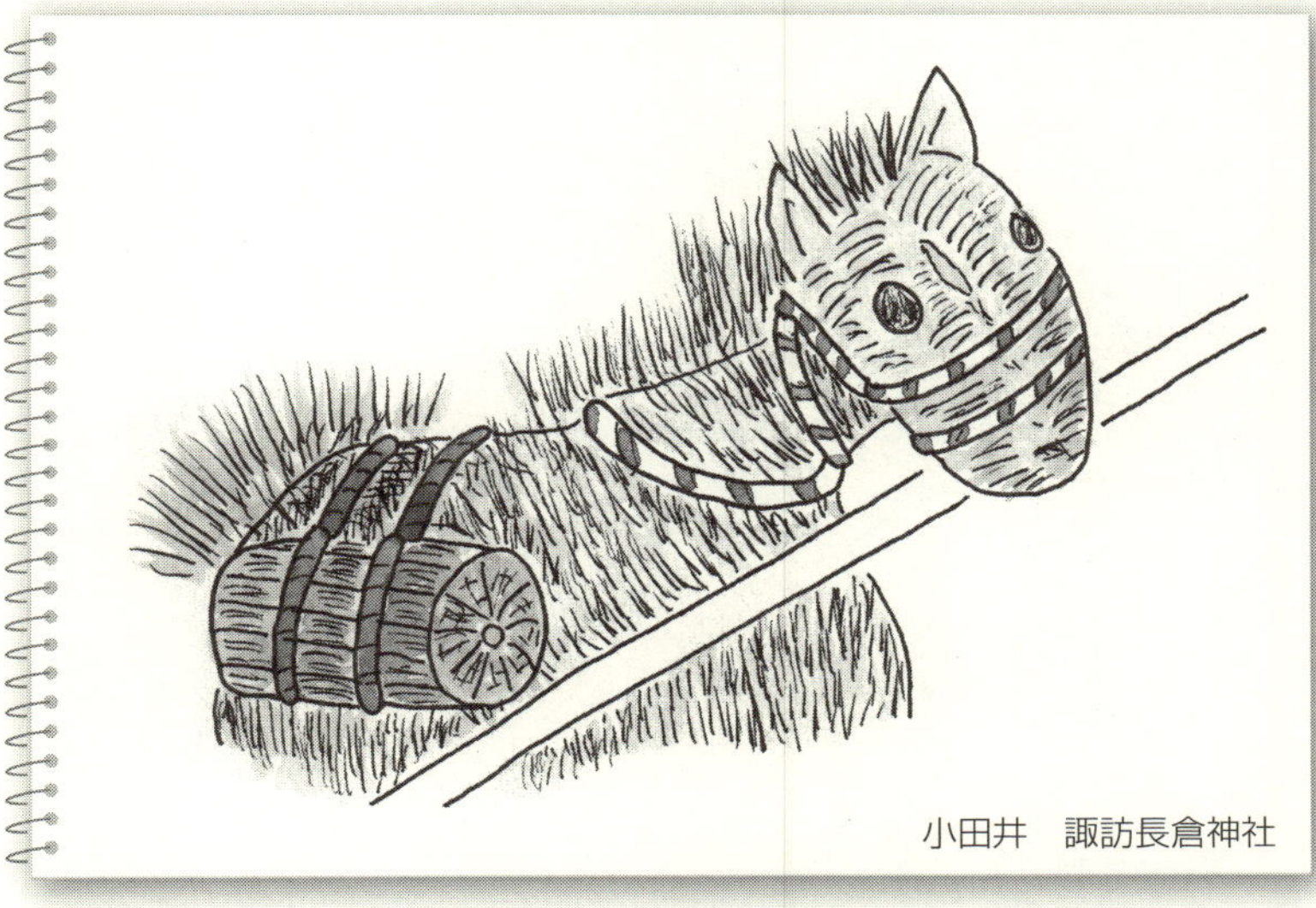

小田井　諏訪長倉神社

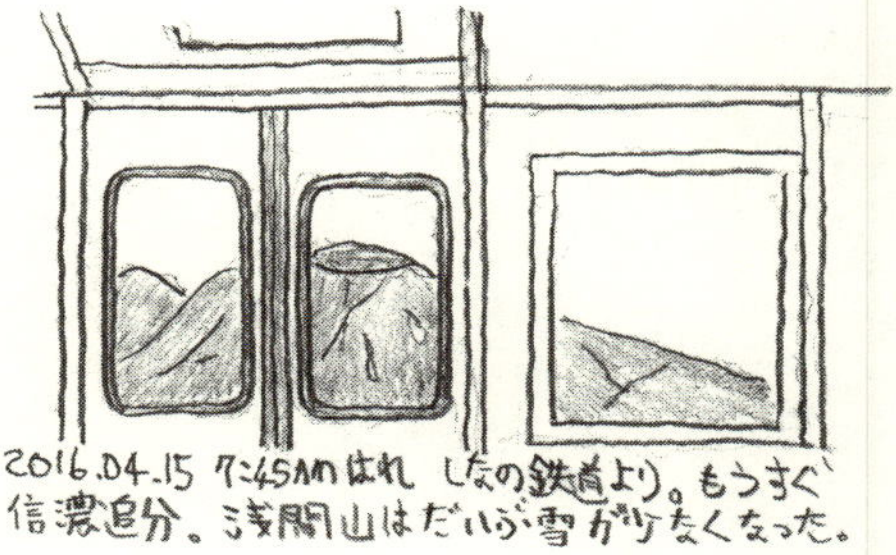
2016.04.15 7:45AM はれ しなの鉄道より。もうすぐ信濃追分。浅間山はだいぶ雪が少なくなった。

2016.04.15 8:05AM 御代田駅付近より。はっきり槍穂連峰が見えた。

【小田井】

▶2016年４月15日

諏訪長倉神社の
わらでできた馬はかわいらしかった。

2016.04.15 9:05 はれ 小田井(鮫月原より)
八ケ岳はまだ白い。桜が満開。

小田井宿を訪れたのは4月中旬。軽井沢駅から、しなの鉄道に乗り換え御代田駅から歩いた。御代田駅を降りると、いきなり雪に覆われた北アルプスの槍穂連峰が見えた。私が槍ヶ岳や奥穂高岳に登ったのは30年くらい前だった。槍ヶ岳と富士山は山の姿を見ただけで誰にでもわかる。双眼鏡で槍ヶ岳の穂先までよく見えたので、気持ちよく小田井宿へ向けて歩き出した。すぐに小田井宿の安川本陣跡に着いたのだが、少し道を外れて諏訪長倉神社へいった。そこで出会ったのが、堂の中にあったわらでできた馬である。祭りの時に使うのだろうか。随分大きい。米俵まで背負っていて、顔のつくりもかわいらしい。わらの黄色と紅白の綱の対比も鮮やかで見ていて飽きない。この馬のおかげで、小田井宿は印象に残る宿場となった。そう言えばこの中山道の旅を始めてから半年になる。日本橋を出て最初に寄った神田明神にいた神馬のミキちゃんを思い出した。あの馬もかわいかった。どうしているかな。

ここから次の岩村田宿への道は、北アルプスの他に八ヶ岳や浅間山が見えて楽しかった。さらに桜が満開で最高の気分で歩いていった。

22 岩村田宿

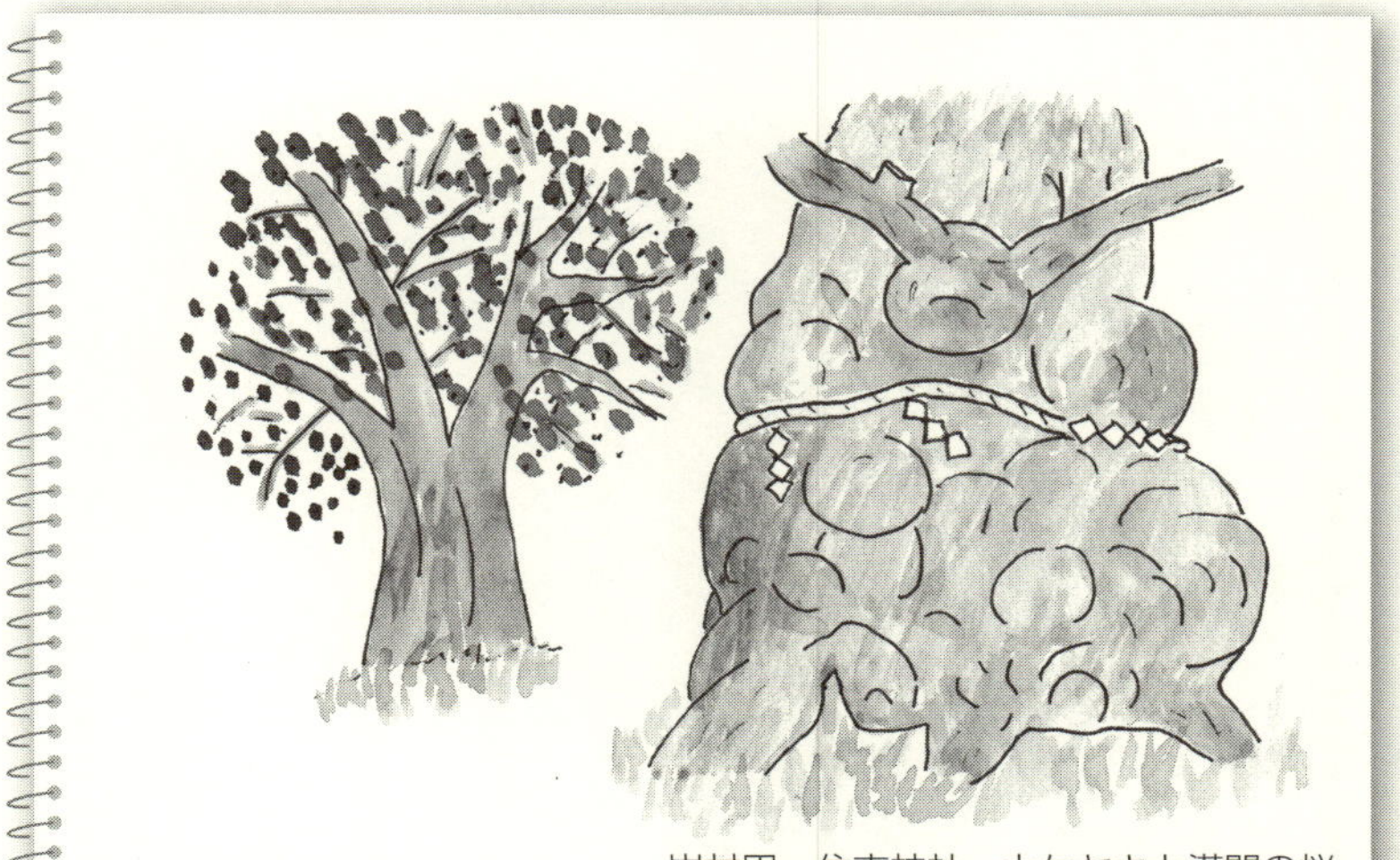

岩村田　住吉神社　大ケヤキと満開の桜

2016.04.15 10:20
もうすぐ岩村田。道の横に
石仏群がある。
千手観世音
馬頭観世音

浅間山
槍穂連峰
八ヶ岳
2016.04.15
11:30 はれ
塩名田に向
っている。
右に浅間山
正面に北アルプス
左に八ヶ岳
の大パノラマ
の中を歩いて
いる。

【岩村田】

▶2016年４月15日

岩村田は
日本を代表する山々が見渡せる
大パノラマの地だった。

東海道もそうだが、中山道では街道筋に神社や寺が多い。私は昼食を朝にコンビニでおにぎりとお茶を買って、好きなところで食べることにしている。それは神社や寺はすぐに見つかるからで、食べる場所には困らないからだ。宿場の食堂で食べるより時間の節約にもなる。何よりも屋外でおにぎりを食べる自由で開放された感じが好きだ。食べながらじっくりと狛犬などを見るのもいい。岩村田宿では住吉神社のベンチで大けやきと満開の桜を見ながらおにぎりを食べた。自然に接しながらの食事はおいしく、この行動パターンは気に入っている。

岩村田宿から塩名田宿への道は、廻りが田んぼの開けた場所があり、右に浅間山、正面に北アルプスの槍穂連峰、左に八ヶ岳連峰の大パノラマの中を歩いた。平地でこれだけ名だたる山々が見渡せる場所はないのではないだろうか。これらの山々の間を通っている中山道は山間の街道であることが実感できる。これから歩き進んでいくと、これらの山々が大きくなったり小さくなったりして、やがて視界から遠ざかっていくのだろう。また御嶽山や中央アルプス、恵那山などの名だたる山々が今後続々登場してくる。岩村田は日本を代表する山々が見渡せるすばらしい展望の地だった。

23 塩名田宿

塩名田　問屋本陣跡

【塩名田】

▶2016年４月15日

満開の桜の中、千曲川を渡った。

風が強い中、歩いてきた。廻りの山々がはっきり見え、特に八ヶ岳方面は雪に覆われており、今年の登山を予定しているので、双眼鏡でじっくり観察した。

塩名田宿に着くと本陣跡に立派な建物がある。切妻屋根の棟の鬼瓦に「丸山」の文字が浮かんでいる。この建物のような真壁造りで茶色の柱や梁が見える切妻屋根の家は、私の憧れだ。塩名田の街道筋にはこのような大きな民家が多い。そして家々には屋号が掲げられている。

本陣跡を少し行くと中津橋がある。下を流れるのは千曲川。千曲川と言えば長野から新潟へ流れる川である。私は川が日本海側へ流れる場所を歩いているのだ。随分遠くまで歩いてきたと感じた。

千曲川の源流は奥秩父の甲武信岳である。以前3回ほど登ったことのある山で、標高は2487m。私が登山を始めたきっかけが金峰山から甲武信岳へ歩いた奥秩父主脈縦走だった。その時は甲武信岳から西沢渓谷へ降りたのだが、紅葉がきれいな時期だった。西沢渓谷には観光客が大勢いて、私一人だけ場違いな格好だったことを思い出した。その時期とは対照的に、ここでは桜が満開だった。

24 八幡宿

中山道 八幡宿
佐久
会
笠取峠 11.9km
3.4km 塩名田
中部北

八幡　道標

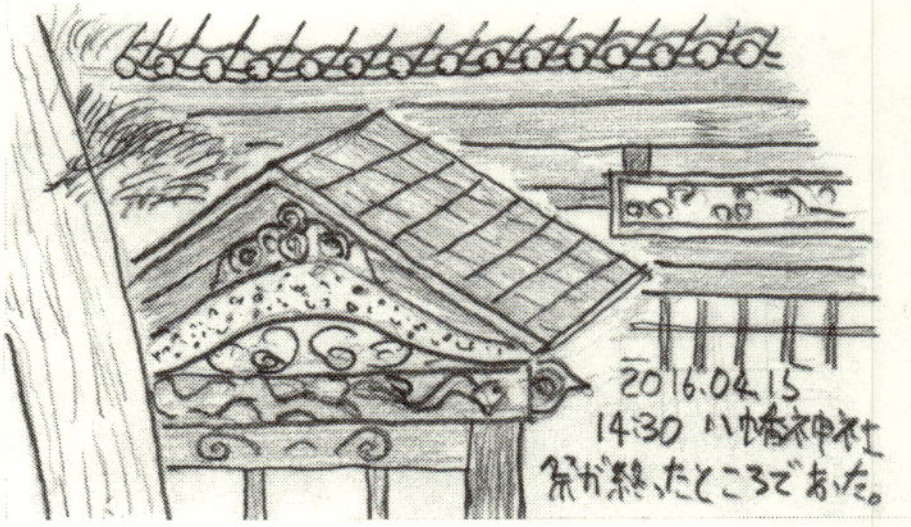
2016.04.15
14:30 八幡神社
祭が終ったところであった。

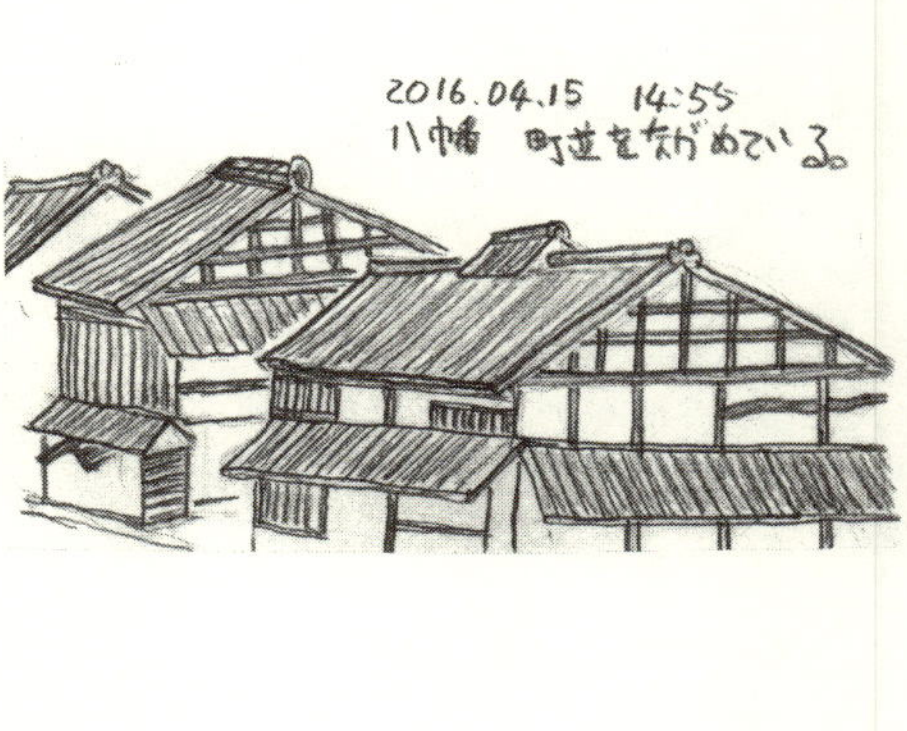
2016.04.15 14:55
八幡 町並を眺めている。

【八幡】

▶2016年４月15日

お祭り後の八幡神社で
地元の人の丁寧な説明を受けた。

塩名田宿から八幡宿の間は、約2・7㎞と短い。中山道の中でも一番短いのではないだろうか。これは千曲川の川止めに備えるためであったようだ。

八幡宿に着くと八幡神社に寄った。敷地内に入ると、15人くらいでテントを片付けたり、ゴミ拾いなどをしている。その人達の間を通って本殿を参拝する。しかし背後がこのようなあわただしい状況なので、これからの旅の安全と家族の健康を願うも、何か心が落ち着かない。八幡神社は門や建物などが古くて時代が感じられる。ベンチに座ってそれらを眺めていると、後片付けをしている人が私の横に座り話しかけてきた。1時間程前に祭りが終わったとのことで、八幡神社の由来等を教えてくれた。だいぶ酒に酔っている感じだが親切な人だ。その上、この神社のことをもっと詳しい人がいるとのことで、もう一人呼んできてくれてさらに説明を受けた。先を急ぐ旅なのだが、腰をあげるタイミングを失い30分間くらい話を聞いた。八幡宿での一番の印象は、地元の人々の親切な説明であった。旅先での人との関わりは印象に残るものだ。

八幡宿は昔の街道筋の雰囲気を残す家々が多く、いい街並みだった。

25 望月宿

望月　井出野屋旅館

2016.04.15 15:40
望月に入る。
元禄時代の道標。
旧中山道
元禄の道標
中山道
望月

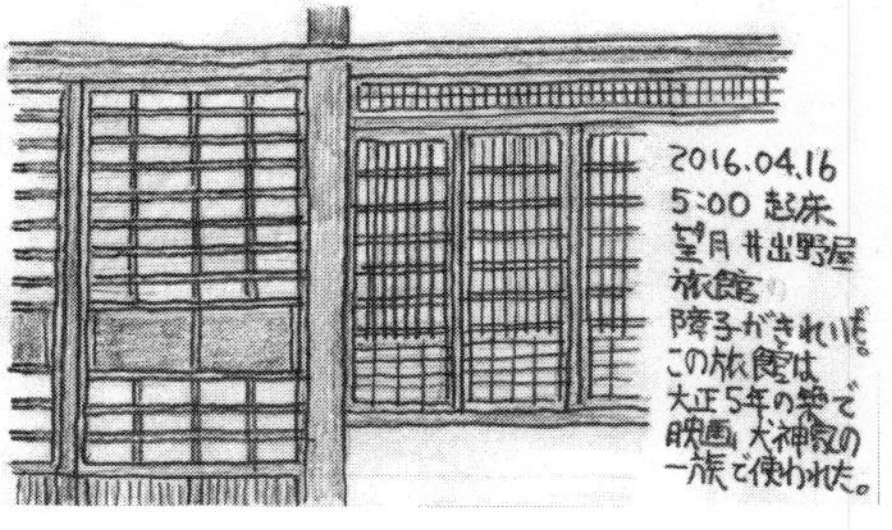

2016.04.16
5:00 起床
望月 井出野屋
旅館
障子がきれいだ。
この旅館は
大正5年の築で
映画 犬神家の
一族で使われた。

【望月】

▶2016年４月15日～16日

井出野屋旅館では映画「犬神家の一族」の雰囲気に浸った。

八幡宿を出てしばらく歩くと交差点があり、行先を確認していると地元の人が中山道の正しい道を教えてくれた。その忠告通りに行くと元禄時代の道標があった。刻まれている文字は読めないのだが、道標の生き字引のような感じがした。

望月宿に入り今日宿泊する井出野屋旅館に着くと、女将さんが近くの望月歴史民俗資料館に行くことを勧めるので行ってみた。郷土の展示品と共に棟方志功の板画「望月の駒」がよかった。信州佐久望月城の姫と馬をテーマにした昔話を板画にした作品で、色彩がきれいだった。

この井出野屋旅館は映画「犬神家の一族」のロケに使われたとのことだ。趣があり、部屋の障子のリズム感がいい。映画で流れていたもの悲しいメロディーが頭をめぐる。夕食では「佐久鯉」を使った「うま煮」がおいしかった。大きな鯉を輪切りにして濃口醬油、酒、砂糖でじっくり煮込んだもので、特に内臓は最高に旨かった。

翌日は朝の6時に廊下をスケッチした。この日の宿泊客は私ひとりだったので、気兼ねなく描くことができた。ただ4月中旬であるが、このあたりの最低気温は2℃とのことで非常に寒い。朝のテレビでは熊本でまた大きな地震があったと伝えていた。今回が本震とのことだ。

望月宿は古い建物もたくさん残っていていてもう一度訪れたい宿場だった。

茂田井（間の宿）

茂田井　民家

【茂田井】

▶2016年４月16日

茂田井はすばらしく
味わいのある街並みだった。

茂田井は望月宿と芦田宿の中間に位置する間の宿で、そんなに大きくはないがいい街並みだった。昔を思い起こすような民家が多い。それに加えて土蔵や造り酒屋、道路横の水路が街並みを引き立てている。また花がきれいで、印象をいっそう深くしている。

大澤酒造という元禄二年創業という古い建物がある。そこには美術館と民俗資料館があり見学したいと思い敷地内に入ったのだが、開館には時間が早く、見学できなかったのは残念だった。あと15分も待てば開館するのだが、今回のような旅では先に何が待ち受けているかわからないので、どうしても先へ先へといかざるを得ない。

漆喰の白壁とこげ茶色の板壁で調和のとれた街並みであるが、歩いていくと少し壁のはげた民家があるので足を止めた。白壁のはげた跡の黄色い土の下壁が見えていて独特の調和がとれている。また、妻面の曲がった梁がや柱が露出していて、窓がいい感じで配置されている。現在ではこのような家は造れない。

間の宿ということもあり、茂田井を見たことは何か得をしたような気がして次の芦田宿へと向かった。

26 芦田宿

芦田　芦田宿本陣

2016.04.16 11:00
芦田 金丸土屋旅館の棟

妻面あまりに大きく全部は描けない

【芦田】

▶2016年４月16日

金丸土屋旅館の妻面は大きかった。
泊まりたかったのだが、
予定が合わず残念だった。

芦田宿に着くと「ふるさと交流館芦田宿」がある。休憩しようと中に入ると、職員の方がお茶を出してくれた。一人旅をしていることもあり、このような親切を受けるとうれしい。芦田宿を説明するビデオがあり、職員の方がすすめてくれたので、しばらく見ていた。ここには芦田宿に関するパンフレットがたくさん置いてあり、中山道に力を入れているのがわかる。

今回、中山道の旅をするにあたり、ただ歩くだけでなく、街道筋にある神社や寺、大きな民家や石仏を立ち止まってゆっくり見ながら歩こうと決めている。その中でこのような郷土館があると必ず立ち寄る。どのような街なのかを容易に知ることができ、江戸時代の宿場の様子がわかるのでありがたい。

交流館の隣には芦田宿本陣がある。白い漆喰のきれいな壁と露出した明るい茶色の梁と柱でできた門が印象に残っている。近くに金丸土屋旅館という古い旅館があった。大きな建物で妻面の棟部分に丸の中に「金丸」と書かれた飾りがあるのが目立つ。描こうとしたのだが、妻面はあまりに大きく、私の手帳では描ききれないので棟部分だけをスケッチした。この旅館には泊まりたかったのだがスケジュールが合わず残念だ。

芦田宿は古い民家がたくさん残っていて、街道を歩いている雰囲気を味わえた。ただコンビニが見当たらない。そのため昼食を購入することができないまま笠取峠へと向かわなければならなくなった。

笠取峠

笠取峠　松並木

銃猟禁止区域
長野県
中山道原道

中山道笠取峠原道
2016.04.16 12:45
笠取峠から長久保へ歩いている。この原道はわかりづらいが楽しめる。カケスを見る。

2016.04.16
13:20
長久保 松尾神社
桜と梅の両方が咲く。

松尾橋

【笠取峠】

▶2016年４月16日

松並木の中、
石畳を気持ち良く歩いた。

芦田宿では正明寺に寄り、さらに歩いていくと笠取峠へ登る石畳に着く。この峠の名の由来は、風が強く旅人のかぶる笠を吹き飛ばしたことから来ている。その風から守るために松を植えたのだろう。若山牧水の歌碑があり、「老松の風にまぎれず啼く鷹の声かなしけれ風白き峰に」と彫られている。道の両側は立派な松並木になっていて、松の枝が石畳の道にせり出していい感じだ。

峠に着いたのは丁度昼の12時で、そこに峠の茶屋があった。芦田宿ではコンビニがなくて昼食を買えなかったので助かった。中に入り山菜そばを注文した。テレビを見ると熊本地震を伝えている。一昨日の地震に対して今回が本震でマグニチュード7・3とのことだ。近くの席では地元の人だろうか。酒を飲んでいるのだが、車で来ていなければ良いがと心配しながら見ていた。

茶屋を出て峠を下っていくと道路の擁壁に中山道の絵が描かれている。このような絵を見ると、今歩いている道が間違っていない証なので安心をする。そして私の旅を応援してくれているようだ。後からエールを受けている気分だ。このあたりから車道をショートカットするように中山道笠取峠原道を下っていくのだが、道がわかりづらく所々間違えた。林の中の道なのでバードウォッチングをしながら歩きカケスを見つけた。しばらく歩くと松尾神社に着いた。そこは桜と梅の両方が咲いている不思議な空間だった。

27 長久保宿

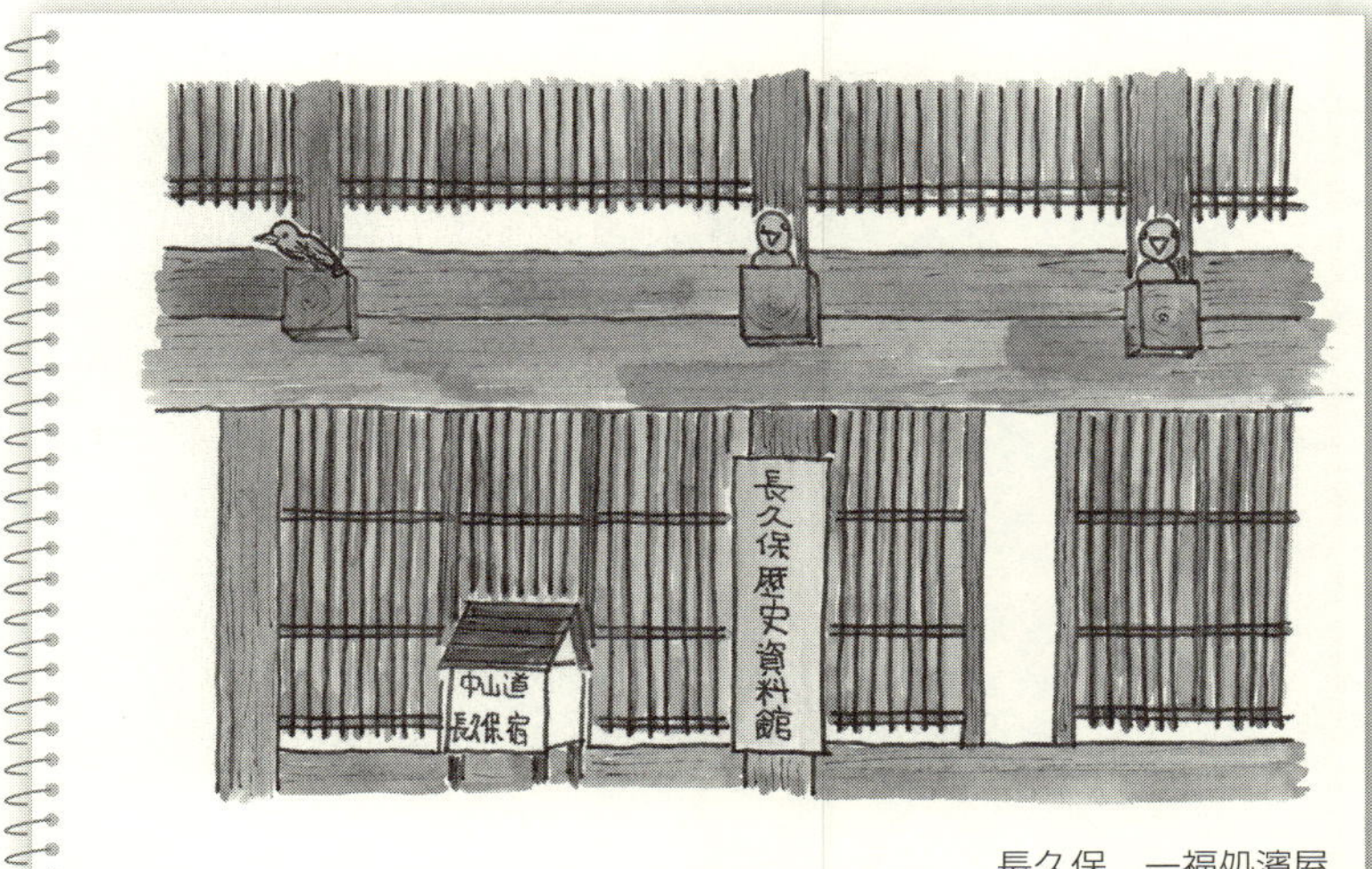

長久保　一福処濱屋

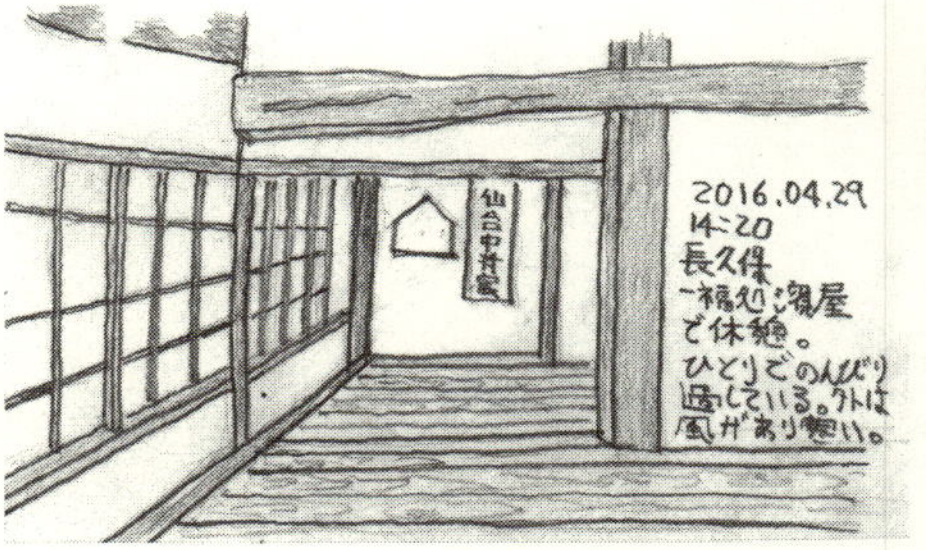

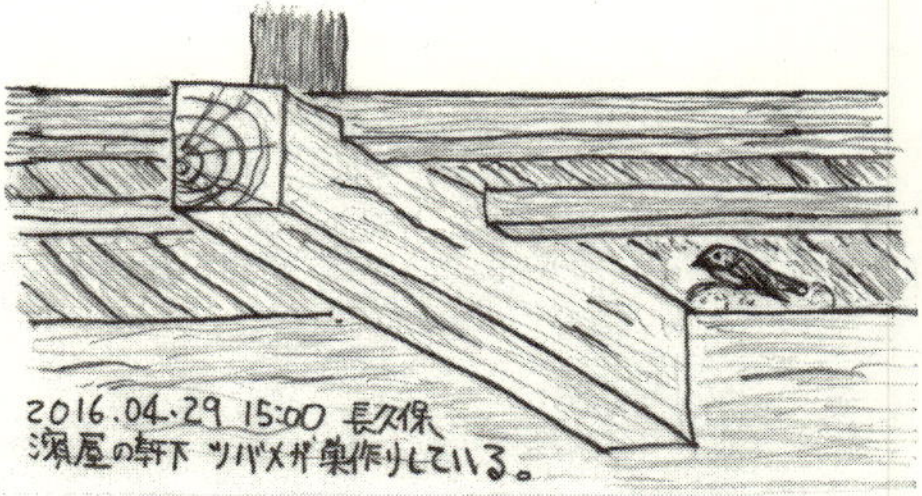

【長久保】

▶2016年４月16日、29日～30日

長久保宿では
出梁造りの古い民家を堪能した。

長久保宿は雰囲気のある古い大きな民家が多い。一般の家々も屋号を掲げていて、中山道の雰囲気を盛り上げている。そんな中を歩いていくと、一福処濱屋という明治初期に旅籠として建てられた建物がある。内部は歴史資料館になっている。2階が展示スペースになっていて、長久保宿を解説するパネルや、江戸時代に使われていた道具が展示してあった。昔の長久保宿の写真があり、これが本当の中山道の宿場かと興味を持って見た。明治時代初期の写真である。萱葺き屋根の家々が並んでいる貴重な写真だ。1階は休憩所になっていてお茶が飲める。このようなサービスには感謝である。長久保宿は笠取峠と和田峠を控えており、北国街道へ接する交通の要衝なので、信濃26宿では塩尻宿に次ぐ宿場数を誇ったとのこと。

ここを訪れたのは4月中旬だが、外に出ると寒い中、ツバメがたくさん飛んでいる。しばらくじっとしていると外壁から突き出た梁にツバメが3羽止まった。双眼鏡でバードウォッチングとしゃれこんだ。そして体も冷えてきたので、この日宿泊する「民宿みや」に向かった。「民宿みや」からのことは次の和田宿で詳しく記載するが、翌日は和田宿を通り和田峠登り口の男女倉口バス停まで歩いた。

2016.04.29 9:30
上田城正門の
石垣の中に
真田石なるひときわ
大きな石がある。
中山道の旅を前
にして上田に寄る。
大河ドラマのせいか
人が多い。

ゴールデンウィークに入り旅を再開した。上田駅で下車して上田城を見学してからバスで長久保まで来た。この日は長久保宿の濱田屋旅館泊まりなので、再び長久保宿をゆっくり見ることができた。一福処濱屋歴史資料館に寄ると、相変わらずツバメが飛びまわっていた。街を歩くと出桁造りの旧旅籠の住宅など見応えがあった。

中山道を旅する人にとり、この濱田屋旅館は貴重な宿だ。次の和田宿には泊まるところがない。また、その後の下諏訪宿までは和田峠を越えなければならず、歩く距離も約22㎞と長い。どうしてもこの濱田屋旅館か、少し先の「民宿みや」に泊まらなくてはならない。そんな訳で今度は濱田屋旅館に宿泊した。２階に案内されたが、２階の泊まり客は私ひとりなので、部屋の戸を開けて廊下までも見えるようにして、広々とした空間を味わった。部屋にはこたつがあるので、このように部屋を開け放しても寒くはない。

風呂に入り夕食にビールを飲みながら、泊まり客と話をした。その客も中山道を歩いていて、今日は下諏訪から来たとのことだ。かなり健脚な人で一

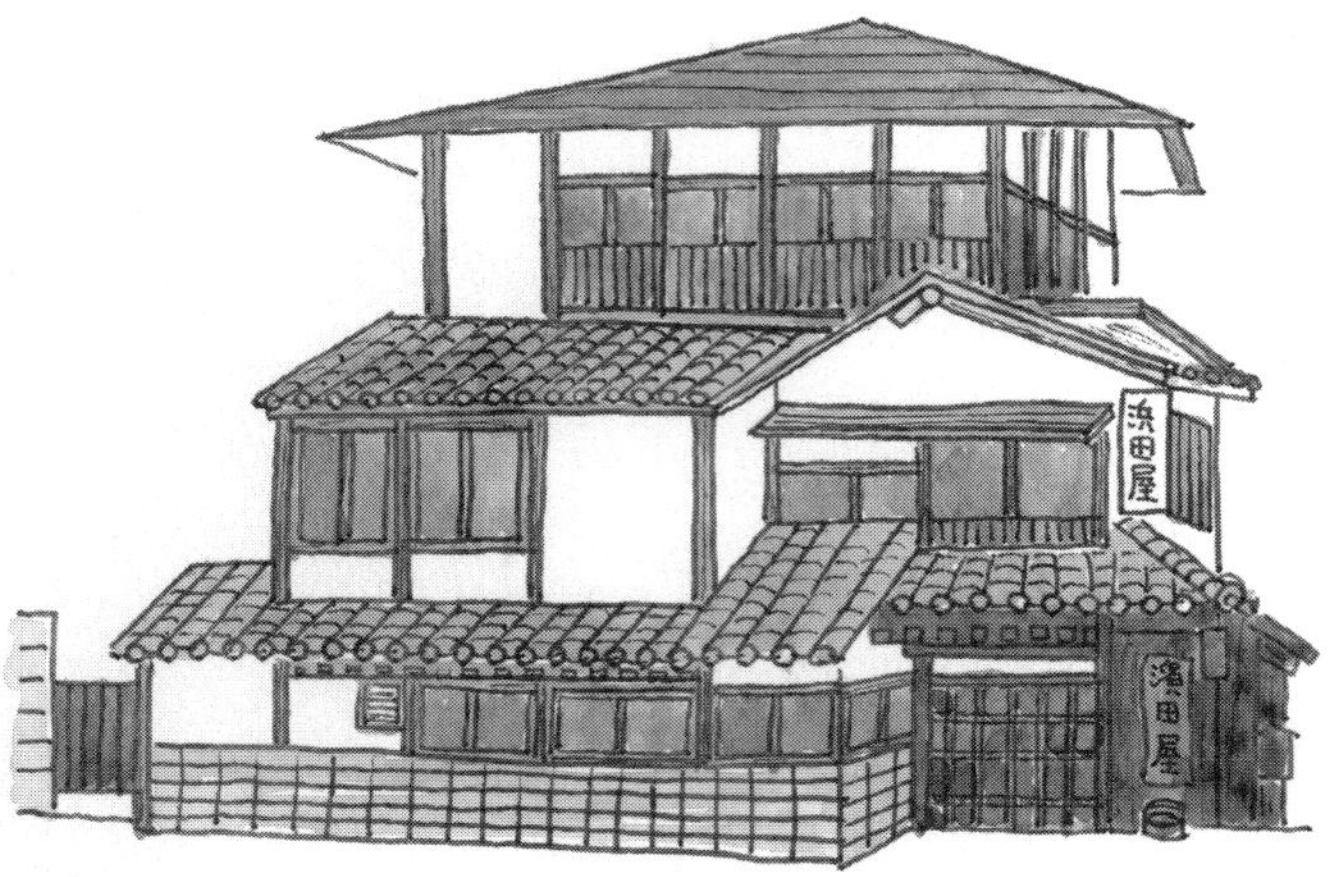

長久保　濱田屋旅館

日に50km歩いたこともあるという。いろいろ見ながらのんびり歩く私とは正反対であるが、私が若い時にこの中山道を歩いたら、この人と同じように、一気に歩き通すことを目的としていたに違いないと思った。そういえば趣味の登山でも、昔は頂上からの景色を一刻も早く見たくて、ひたすら登っていったが、最近では足元の花や昆虫、鳥の鳴声など自然を楽しみながら登山をしている気がする。登り始めからふもとに降りるまで、登山全体を楽しむ姿勢にかわってきた。この中山道歩きも同じで、宿場と宿場の間で目にしたり、体験したりすることを大切にして歩いていきたい。

翌朝は5時半から濱田屋旅館をスケッチした。この建物も街道筋の雰囲気に満ちている。さすがにこの時間は人通りがなく、落ち着いて描けた。

28 和田宿

和田　三千僧接待碑

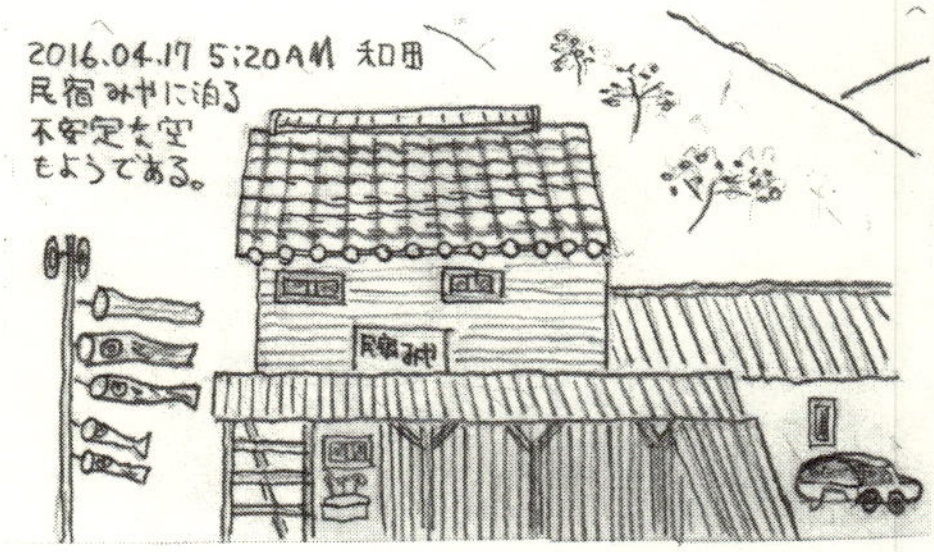

【和田】

▶2016年４月16日～17日

小雨で薄日の差す中、
三千僧接待碑で見たレンギョウの
あざやかな黄色は忘れられない。

「民宿みや」を出る時には雨が降っていた。空模様はいかにも不安定な感じだ。途中、新屋バス停で雨をやり過ごしていたが、止みそうにないので出発した。落合橋を渡る頃には、かなり強く降ってきた。雲が低く流れている。そんな中で落合橋をスケッチしていたら、民宿で夕食を共にした人が来たので、手を振って別れた。彼は下諏訪までの旅とのこと。この雨の中を中山道最大の難所である和田峠に挑む彼に心の中でエールを送った。

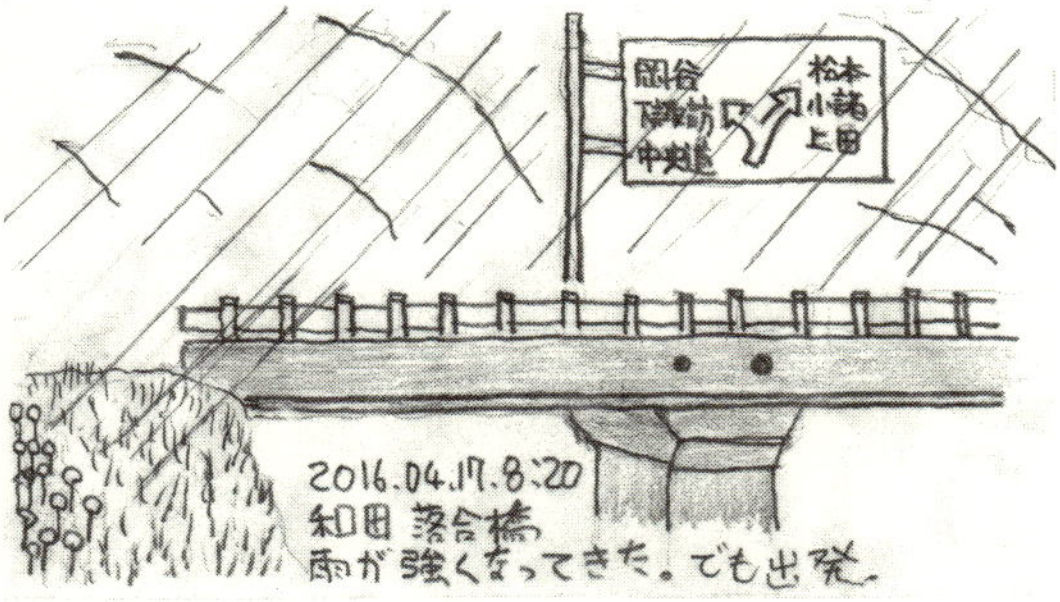

しばらく歩いていくと、三千僧接待碑という場所に着いた。江戸時代に諸国遍歴の僧侶に対する供養・接待を発願して信定寺別院の慈眼寺の建立した碑を往還僧にあまねく知らせるためにこの地に移したとのこと。近くの車庫の下で雨宿りをしながら見ていると、突然小雨の中、日が差してきた。その瞬間、石碑の背後のレンギョウの黄色があざやかに浮かび、満開の桜のピンクも映えた。石碑に付いている苔の深緑も相まって、印象的な景色になった。

和田　和田宿本陣

中山道の旅はこれからも続くが、この一瞬の景色は忘れられないものになると確信した。その後再び雨は強く降り出し、和田宿の本陣跡を目差して歩いた。

和田の各バス停はおもしろい。萱葺きの小さな建物で、雨の中でもスケッチをしたくなる。このようなバス停が次々と現れる。時間があれば全部描きたいが、先を急ぐのでそうもいかないのが残念だ。

和田宿に着くと最初に「和田黒曜石石器資料館」に入った。黒曜石はきらきら輝く黒い石で、石器や斧に使われた。このあたりが産地とのこと。和田峠への道では注意深く黒曜石を探しながら歩くのもおもしろそうだ。

続いて和田宿本陣に入る。雨はますます強くなってきて、雨宿りができるので助かった。中には案内の人がいて、丁寧な説明をしていただいた。室内のスケッチをして時を過ごしても、雨は止みそうにないので、出発することにする。和田宿は本陣以外にも江戸時代

の民家が保存されていて印象に残る町並だった。

和田峠への登り口である男女倉口バス停を目差して歩いた。雨はますます強くなり、国道142号線ではトラックがすごいスピードで飛ばしていく横を歩いたので、水しぶきがかかり少々怖かった。雨の降る中、和田峠への登り口に着き、次の旅で峠に向かう時は晴れてほしいと願った。小田井宿から始まった今回の旅はここまでとし、バスで長久保に戻り、バスを乗り換えて上田駅にいった。そして上田駅から新幹線で大宮に向かった。

次は中山道最大の難所、和田峠を越える旅が待っている。

和田峠

和田峠　古峠より御嶽山を望む

【和田峠】

▶2016年４月30日

和田峠に立ち御嶽山を見た時は
中山道の旅の
ハイライトにいるのだと思った。

2016.04.30 9:40AM
和田峠への石畳を登っている。ウグイスの声を聞きながら。広原の一里塚あり。

中山道には多くの難所があるが、その中でも一番は和田峠越えだろう。和田峠自体の標高が1531mあり、また和田宿と下諏訪宿間の距離が約22㎞と中山道の中で最も宿場間が長い。良い天気の中、男女倉口バス停から歩きだした。三十三体観音の石仏に無事に峠を越えることを祈る。しばらく歩いていくと接待茶屋跡に萱葺きの民家が建っている。棟に煙抜きが付いた形のよい建物だ。休憩していると、車から降りた人達が水場でペットボトルに水を汲んでいる。名水として有名らしい。私も手ですくって飲んだがよくわからない。

石畳を歩いていくと広原の一里塚がある。ここは日本橋から52里目だ。ウグイスの声を聞きながら登っていくと、和田峠（古峠）に着いた。こちらは視界が開け御嶽山がよく見える。その左には中央アルプスを望める。山々の頂はまだ白い。ここには「御嶽山坐王大権現」と彫られた石碑がある。中山道の旅のハイライトに今立っていると思いながら眺めていた。

峠への登りはハイキング気分で歩いてきたが、峠からの下り道は少し崩れている所もあり慎重に歩いていった。下諏訪宿はまだ遠い。

29 下諏訪宿

下諏訪　岩波家本陣室内

【下諏訪】

▶2016年４月30日～５月１日

間もなく御柱祭があるので、
下諏訪の街は活気があった。

和田峠を越えて歩いていくと「木落し坂」に着いた。諏訪大社の春宮と秋宮に立てる御柱を落とす坂の場所だ。そこに実際に落とす木だろうか。飾りがついた太い木が置いてある。御柱祭は7年に一度行われるが、今年がその年である。

坂の上から下を覗いてみる。かなり急な坂だ。この木に人が大勢またがって落とすのだが、多くの人が途中で放り出される。実にあぶないのだが、必ずテレビのニュースにも登場する有名な祭りだ。木の先頭に乗る人は特に危険だ。

2016.04.30
15:00
万治の石仏
この石仏は
おもしろい。

さらに歩いていくと、諏訪大社下社春宮があり休憩する。思えば、和田から峠を越えての道は長かった。ここの近くに「万治の石仏」という実にユニークな形をした石仏がある。万治三年（１６６０年）の建立だが、今まで見てきた石仏とは全く異なる。この石仏は画家の岡本太郎もお気に入りだったとのこと。私も好きになった。顔がおもしろいし、全体の形もおもしろい。また、石仏に似た顔の人が拝んでいたのもおもしろい。ついスケッチしてしまった。

下諏訪宿に入ると大型連休だけに観光客が多い。今井邦子文学館に寄った後、岩波家本陣に着いた。中に入り中庭を見ながら座って休憩をする。今日は長旅で疲れがどっと出てきた。簡単に中庭をスケッチして、今日の宿であるホテル山王閣に向かった。早く温泉にはいりたい。

翌朝は5時に目覚めたので、朝食前に付近を散策した。最初に行ったのはホテル山王閣の横にある諏訪大社秋宮の神楽殿。太い注連縄が重そうだと思いながら、旅の安全と家族の健康を祈った。

ここ下諏訪は中山道の宿場で唯一の温泉地である。また諏訪大社があり、今年の御柱祭が間もなくあるので、街に活気がある。いたる所にのぼりがはためいている。ゴールデンウィーク中に訪れたので観光客が多いのだが、さすがにこの時間に歩いている人はいない。ゆっくり秋宮を見学した。また甲州街道と中山道の追分に立ち、いつの日か甲州街道を歩いてここに来る自分を想像した。

昨日寄った岩波家本陣の門の前に立つ。中山道を旅する者にとって、宿場の本陣はどうしても気になる。江戸時代当時の建物がそのまま残ってはいないのだが、その跡には大きくりっぱな建物が建っていることが多い。昨日入ったこの岩波家は京風数寄屋造りで、明治天皇が立ち寄っ

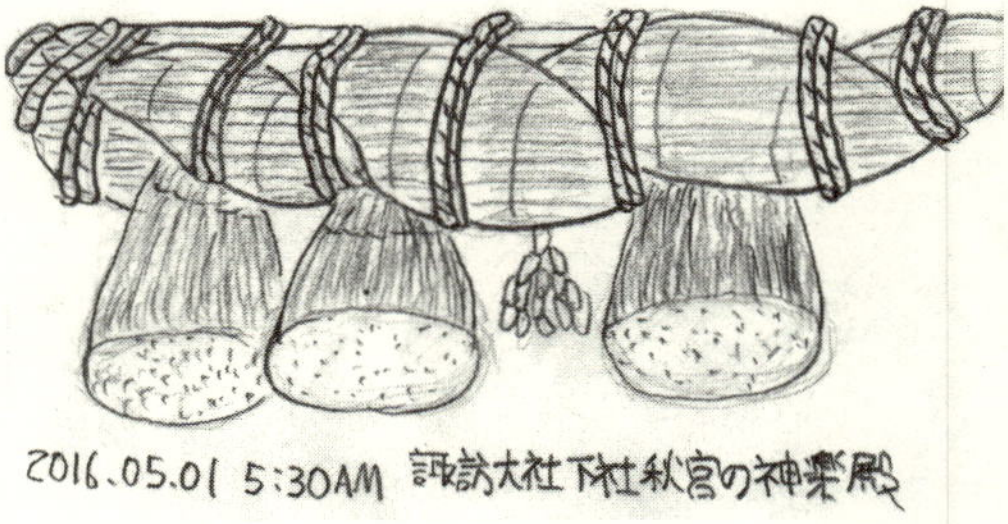
2016.05.01 5:30AM 諏訪大社下社秋宮の神楽殿

祝 信州 諏訪 御柱祭
2016.05.01 6:30AM はれ 諏訪湖
今年は御柱祭の年

下諏訪　岩波家本陣

た玉座やきれいな中庭があった。昔のガラス戸が縁側に面しており、レトロなガラスを通してみる庭は趣があった。

諏訪湖まで歩こうと思ったが、朝食時間が近づいてきたのでベンチから見ることにした。天気も良くて気持ちよい朝だった。

塩尻峠

塩尻峠　牛馬守護神付近

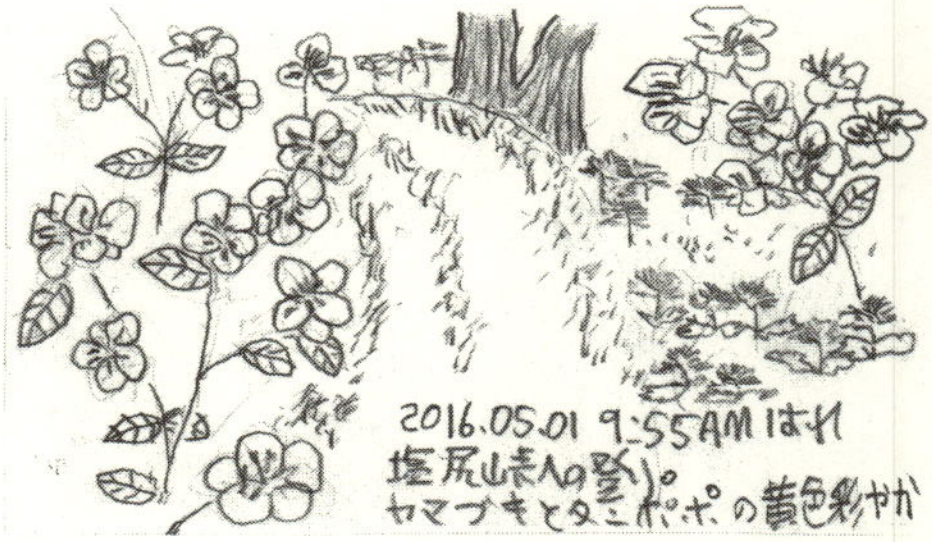

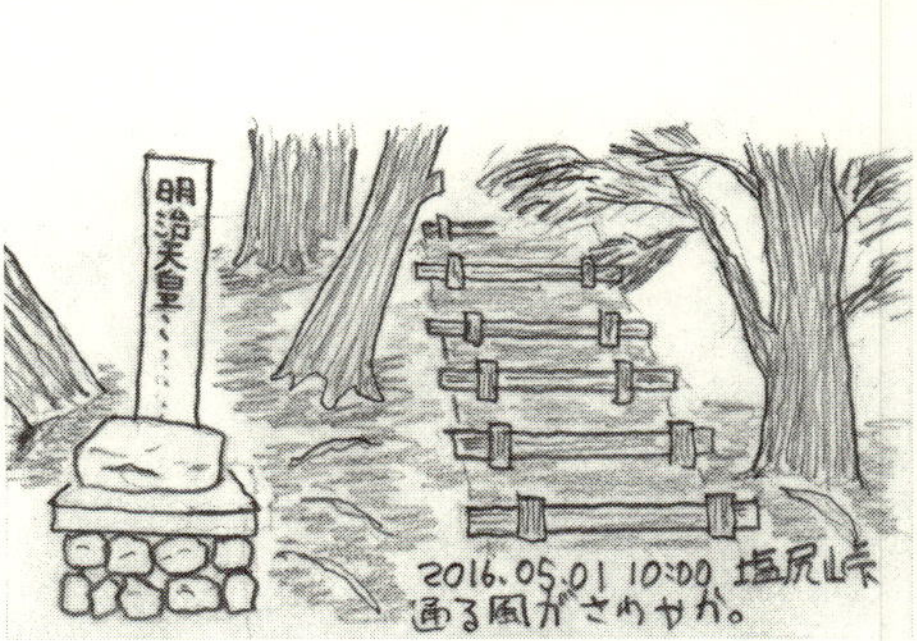

【塩尻峠】

▶2016年５月１日

ハナモモの赤色はあざやかだった。

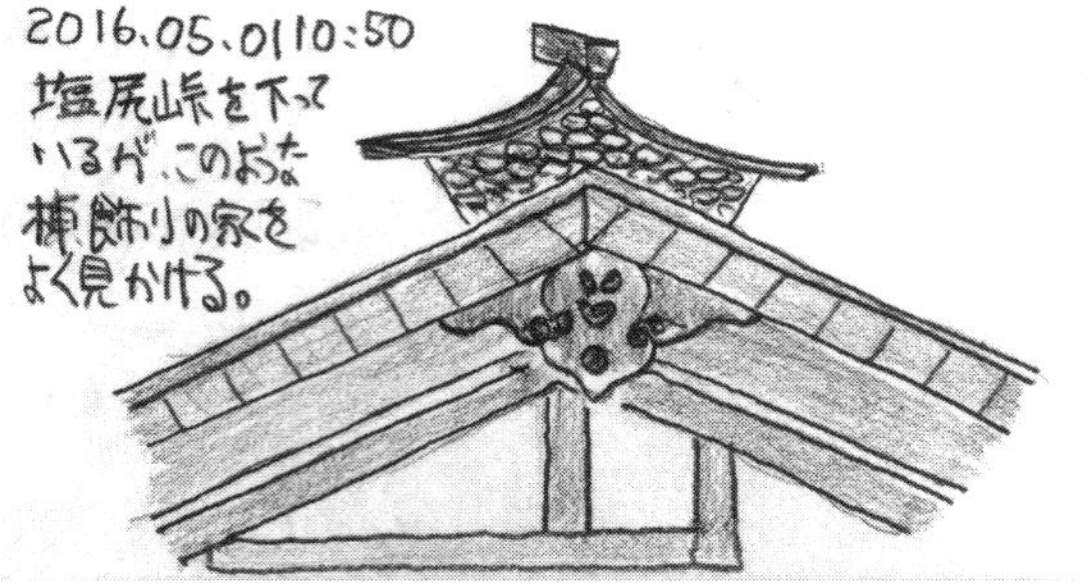
2016、05、0110:50
塩尻峠を下って
いるが、このよな
棟飾りの家を
よく見かける。

塩尻峠への道はけっこう急な坂で、しかも晴れて気温が高く、汗をかきながら登った。タンポポや山吹の黄色と木々や草の緑がきれいだった。峠に着くとさわやかな風が通り抜けていて、明治天皇の碑を見ながら休んでいると、バードウォッチングをしているご夫婦がいる。今日見た鳥を聞いてみた。キビタキを見たという。黄色と黒のきれいな夏鳥でピッコロと鳴く。もう信濃にも夏鳥は来ているのだ。

峠を下りていくと、大きな民家があり、どの家も屋根に立派な棟飾り（雀おどり）があるのが目につく。元々大きな妻面の外壁をさらに引き立てている。

歩き続けるとハナモモの赤が鮮やかな景色のよい所に出た。あまりにきれいなので見とれていると、畑で作業をしている老人に話しかけられ、20分間くらい話をした。80歳とのことだがすこぶる元気な人だ。木の名前がハナモモであることもこの人に聞いた。少し上の方に行くと槍ヶ岳、穂高岳、白馬岳、御嶽山などが見えるとのこと。この先に牛馬守護神があるのでぜひ見ていってほしいとのアドバイスを受けた。

30 塩尻宿

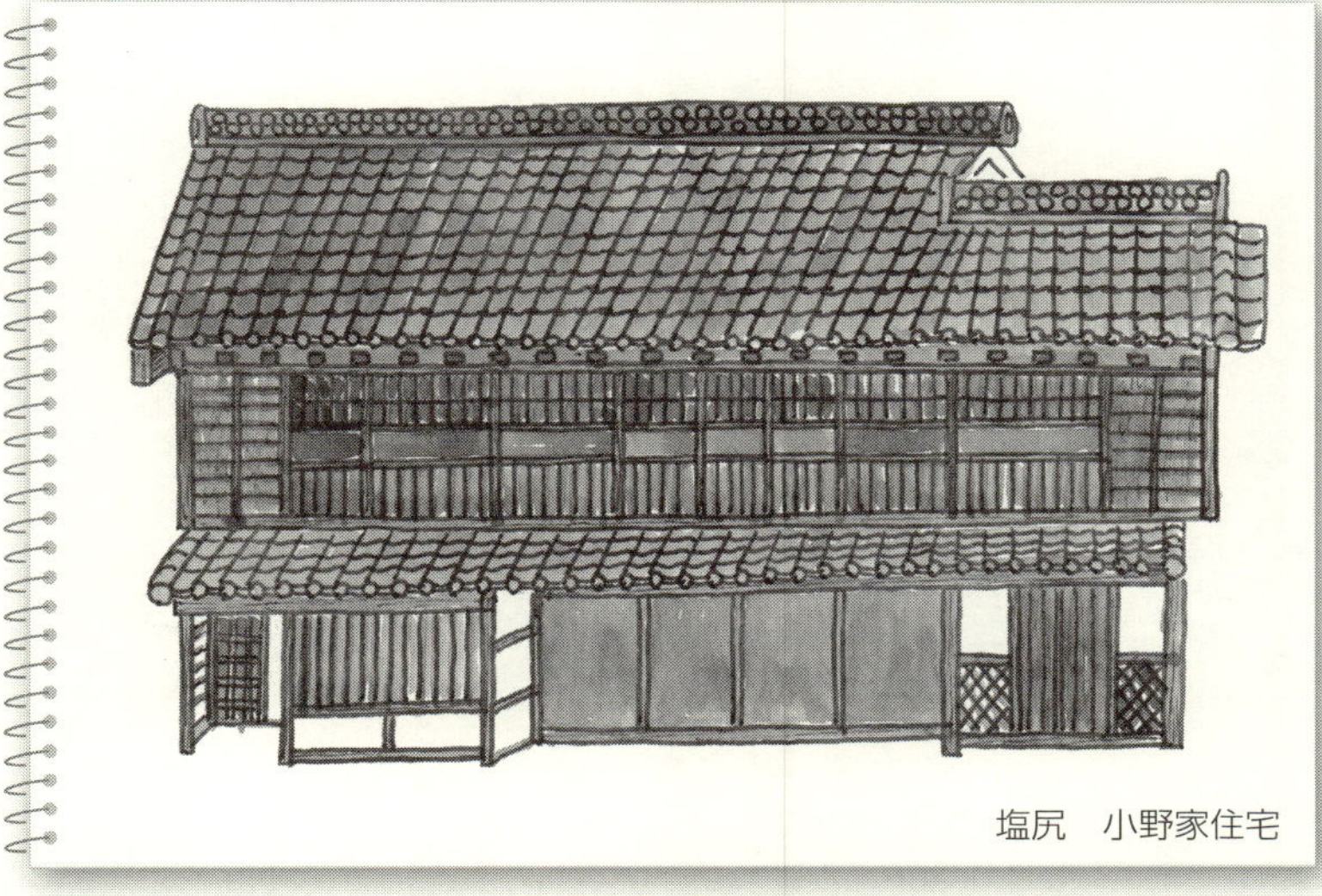

塩尻　小野家住宅

2016.05.02 8:00AM 塩尻駅にて
ヨヒアルプスの奥穂、北穂が見える。だいぶ北アの山々が大きくなってきた。

無人駅のここから今日の旅は開始
2016.05.02 8:40AM
日出塩駅
JR 日出塩駅

【塩尻】

▶2016年５月１日～２日

小野家住宅は大きくて貫禄があった。

慶長十九年（1614年）、中山道が塩尻峠経由となり、塩尻宿は設定された。峠から宿場までの街道が整備され、元和二年（1616年）に塩尻宿は完成した。ここは伊奈街道、五千石街道、松本街道の要衝で塩尻峠が控えているため、中山道の中でも旅籠の多い宿場で大いに賑わった。

塩尻宿に入ると小野家住宅が目に付いた。昔は旅籠だったことを思わせる立派な住宅でそれもそのはず、国重要文化財である。貫禄十分の民家だった。中山道を歩いていると街道筋には古くて大きな住宅が多い。その中でもこの住宅は特に大きかった。丁度正午だったので休憩を兼ねておにぎりを食べながらこの住宅をスケッチした。

小野家住宅を描いたことは正解だった。中山道の旅をインターネットで検索すると、塩尻宿では必ず堀内家住宅という建物が登場する。私も塩尻宿の代表として堀内家住宅を見たいと思っていた。この建物はすごい棟飾りがあり、妻面から見たファサードは非常に見栄えがする。小野家住宅から歩いて20分くらいの場所にあるのだが、行ってみると解体工事中で足場とシートに覆われていて、残念ながら見ることはできなかった。そんな訳で、塩尻宿は小野家住宅が強く印象に残る街だった。

31 洗馬宿

洗馬　平出の一里塚

【洗馬】

▶2016年５月１日

平出遺跡では縄文時代の
竪穴式住居を体験した。

洗馬宿に向かって歩いていくと、平出の一里塚がある。両塚が現存しており、南塚は草の上にきれいに伸びた松があり、北塚は盛り上がった土の上に少し曲がった松がある。中山道の旅で多くの一里塚を見てきたが、これと板橋宿の志村の一里塚が双璧だろう。

一里塚の近くには平出遺跡がある。佐賀県の吉野ヶ里遺跡、静岡県の登呂遺跡と共に日本3大遺跡に数えられる大きな遺跡で、縄文時代の竪穴式住居がたくさん復元されて建っている。内部にも入ることができる。萱葺きの分厚い屋根兼外壁で、煙出しもあり、しっかりした造りである。また、敷地一面にタンポポが咲いていてきれいだった。この遺跡公園内には博物館があるのだが、時間がなくて寄れなかったのは残念。機会があればこの遺跡だけを見に来たいと思った。

それにしても、「洗馬」とはおもしろい名前である。「せば」と読む。昔の人は馬を大切にし、常にきれいに洗っていたのだろうかと想像する。でも2つ前の宿場、下諏訪宿の名物は馬肉を使った鍋料理だし、ちょっと違う気もするなどと考えながら歩いた。後で調べると、木曽義仲の家臣が義仲の馬の足を近くの清水で洗い癒やしたことに由来するとのこと。

32 本山宿

本山　チューリップのお花畑

2016.05.01
15:25
本山宿に入った。
石仏群に出合う。

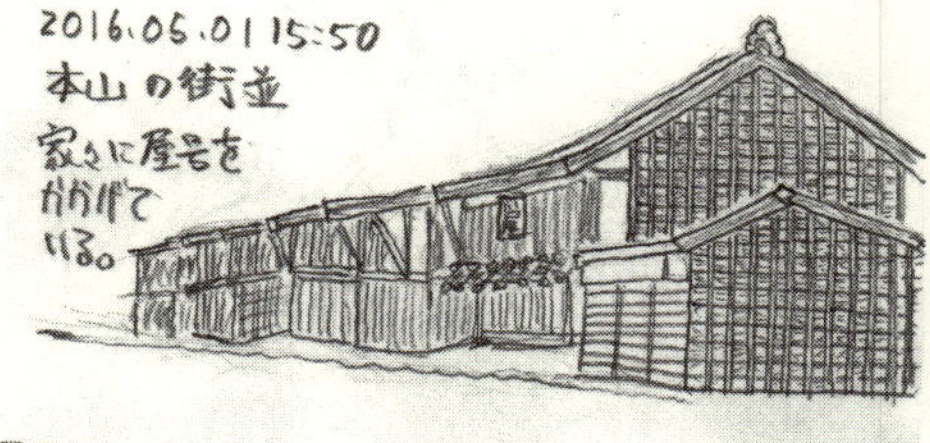
2016.05.01 15:50
本山の街並
家々に屋号を
かかげて
いる。

【本山】

▶2016年5月1日

本山のチューリップのお花畑は
童謡の世界だった。

本山宿に着く前に芝桜やチューリップの咲く花畑があった。これにタンポポも加わって、赤白黄色にピンクがあり、さらに背後の草の緑も映えて実にきれいだった。地元の人が中山道を歩く人々を楽しませるために植えているのだろうか。まるで童謡の世界に迷い込んだ感じだ。このような花々を見ると季節を強く意識できる。5月のさわやかで、恵まれた天気の中を歩けた一日に感謝する。

この楽しい気分のまま本山宿に入った。本山は昔の雰囲気のある家々が並んでいて、各家には屋号が掲げてある。いい雰囲気の街並みだった。中山道を歩いていると、このように各建物に屋号を掲げている宿場によく出くわす。この中山道を盛り上げようという地元の好意がうれしい。本山は「そば切り発祥の地」といわれているので、そばを食べたかったのだが、電車の時刻が迫っているのであきらめた。

この後、JR日出塩駅まで1・5㎞ほど歩くのだが、駅入り口の反対側の道路を歩いてしまい、駅に着くのに苦労した。駅を横目に通り越して、2㎞くらい余計に歩いたのではないだろうか。線路に入り横切ろうかと思ったくらいだった。そのような無法が許される訳もなく、少し余分に歩いたが、終わってみればいい思い出だ。ただ、その時は数少ない電車の時刻に間に合わせる為に必死だった。電車にはなんとか間に合い、宿泊地の塩尻駅へと向った。

33 贄川宿

贄川　贄川関所

【贄川】

▶2016年５月２日

木曽路を歩き始めた。
贄川宿は水場がたくさんあった。

贄川宿に向かって歩いていくと、石碑があり「是より南木曽路」と書かれている。ここは桜沢といい松本藩と尾張藩の国境だ。JR贄川駅を過ぎると、贄川関所が復元されている。屋根には石がたくさん置いてある。「入り鉄砲に出女」や「木曽五木」の搬出をきびしく取り締まったとのこと。木曽五木とはヒノキ、アスナロ、コウヤマキ、ネズコ、サワラの常緑針葉樹を言う。江戸時代には尾張藩により伐採が禁止されていた。

贄川では「贄川のトチ」と呼ばれる大木が印象に残る。樹齢千年、樹高33mで根元の周囲は17・6mである。すごいのだが、私の小さな手帳では描ききれない。それと水場がいたるところにある。水の豊富な場所で、旅人はおおいに助かったに違いない。青いトタンでできた水場はよく覚えている。国指定重要文化財深澤家住宅の横で昼食のおにぎりを食べ休憩した。しばらく歩くと平沢と言う漆器店が多いすばらしい街並みがある。贄川は見所が多かった。

34 奈良井宿

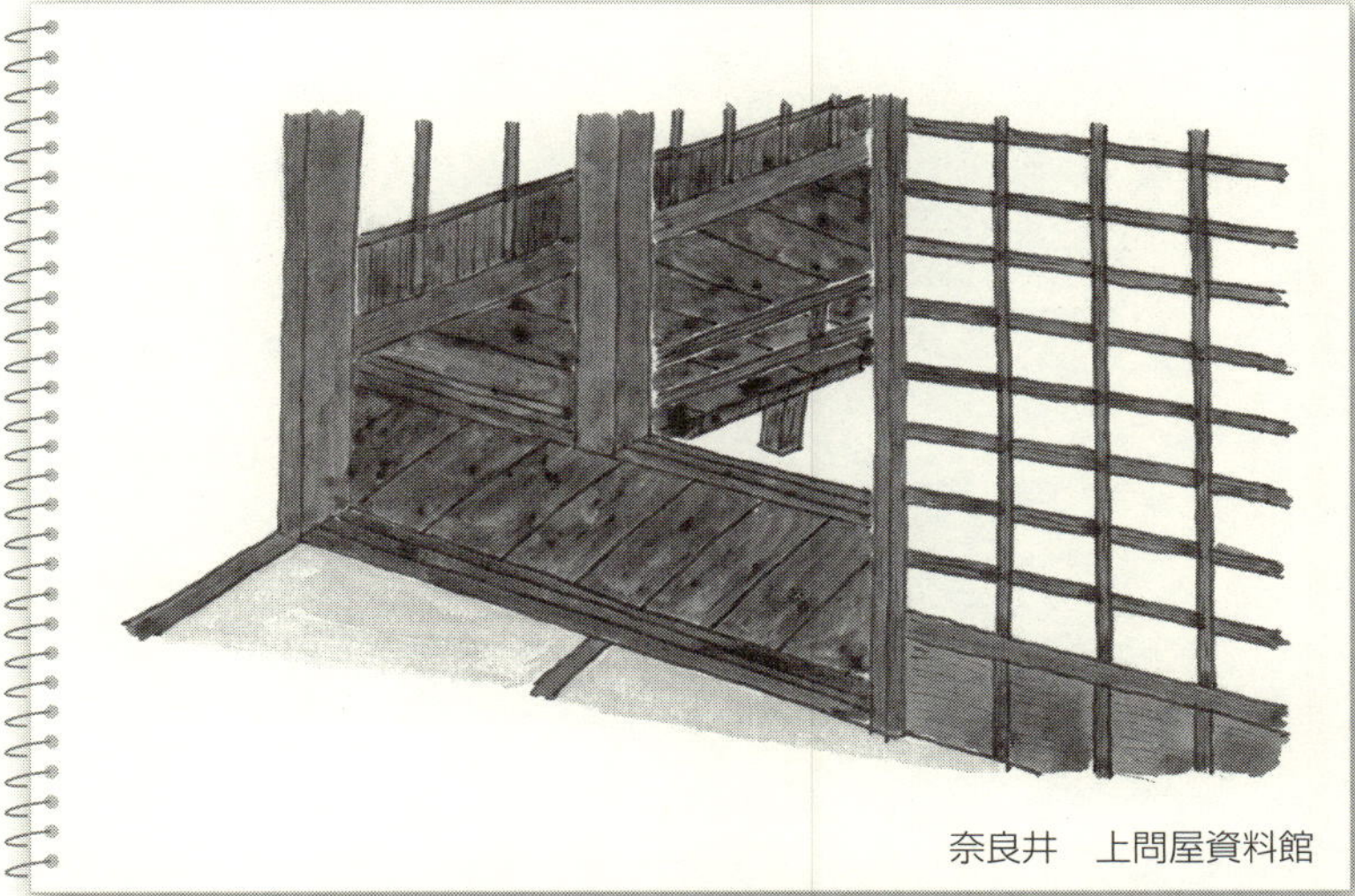

奈良井　上問屋資料館

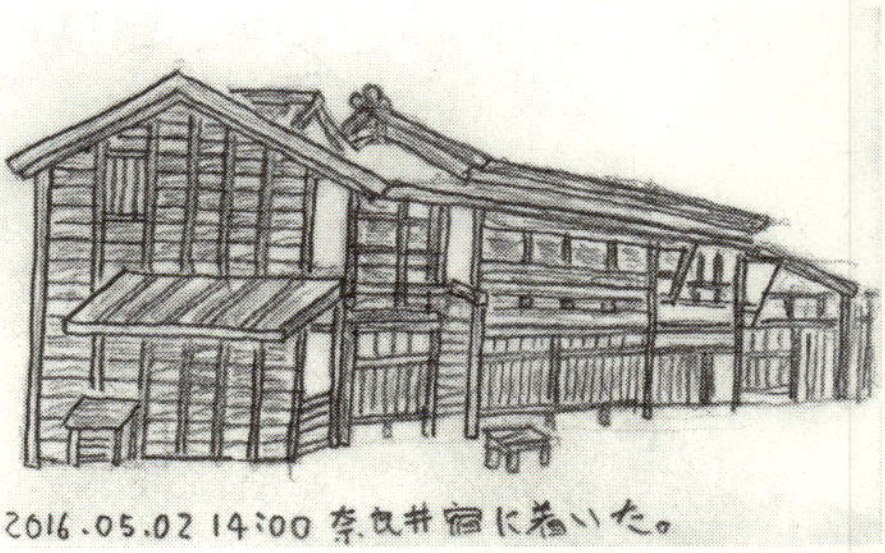

2016.05.02 14:00 奈良井宿に着いた。

2016.05.02 16:10
奈良井 木曽大橋を見ては。
そろそろ宿へ行こうか。

【奈良井】

▶2016年５月２日～５月３日

中山道宿場の中で、
奈良井は東の横綱。
江戸時代に
タイムスリップしたようだった。

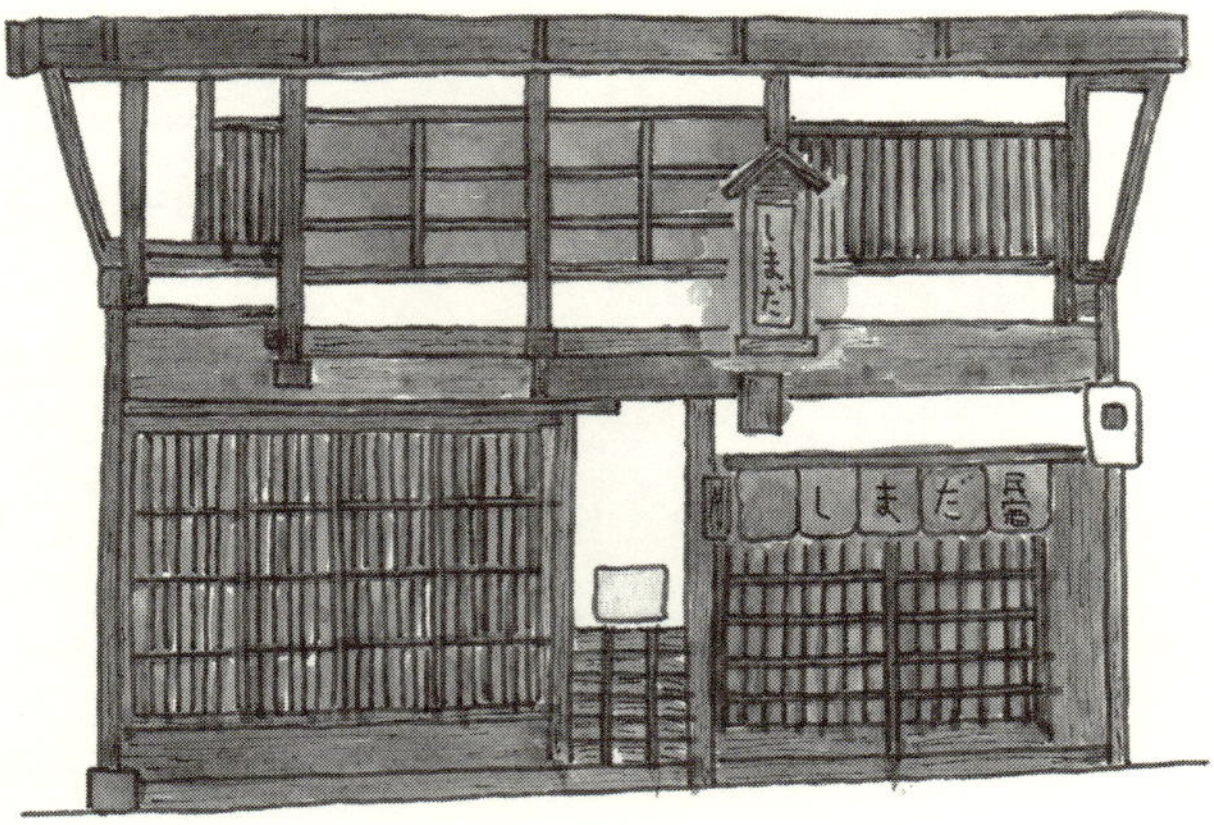

奈良井　民宿しまだ

中山道の旅の案内書で最初に取り上げられるのはこの奈良井の街並みだろう。江戸時代に一瞬タイムスリップしたと思わせる場所だ。中山道の旅でも楽しみにしていた宿場であり、今日の宿泊地だ。期待通り古い街並みが維持されており、それが通りに面して1km余り全建物にわたっている。そのため観光地化されているので人出は多いのだが、伝統的建物保存の徹底ぶりは半端ではない。その中で上問屋資料館に入った。パンフレットによると問屋は「といや」と読み、伝馬（宿駅用の馬）と歩行役（人足）を管理運営していた場所とのこと。奥の部屋は明治天皇が休憩した間だ。

観光客が多いのでここから抜け出して、この通りに沿って流れている奈良井川を見にいった。そこにかかる木曽大橋は木造の太鼓橋で、ぼんやり眺めながら今日の出来事を振り返った。

中山道の旅を始めるにあたり、奈良井にはぜひ宿泊したいと思っていた。大型連休の最中だったが、民宿

横水
2016.05.03
5:30AM
奈良井の水場
横水。
朝の散歩。

「しまだ」に予約することができた。ただし夕食は無理とのことなので、風呂に入ってから近くの食堂に食事に行った。客は私ひとりだったこともあり、もつ煮定食を注文して、ビールを飲みながらご主人に奈良井の徹底した街並みの保存について教えてもらった。

食事を終えて民宿「しまだ」に戻ってきたのは7時頃だった。灯りの橙色とのれんの紺色、茶色の木と白壁の組み合わせが美しいので、向かいのベンチに腰掛けて、酔いをさましながらだんだん暗くなっていく建物を見ていた。廻りの建物にも灯りがともり始めて、古い街並みはいっそう引き立ってきた。民宿「しまだ」は京都の町屋のように奥行きのある建物で内部の吹き抜け空間がすごい。階段が3つくらいあり、その空間構成が複雑だ。古い木造の建物はこれがおもしろい。

朝食の前に奈良井宿を散歩したのだが、水場が多い。観光客が集まる前に街並みをゆっくり見ることができた。朝食で同じテーブルに同席した人はバイクで旅をしていて、昨日は妻籠宿に宿泊したとのことで、奈良井宿より規模は小さいが良い所だったとのことだ。奈良井宿は景観保存地区だけあってコンビニなども置いていない。街全体が一致団結して景観を守っている。その気合に後押しされるように鳥居峠に向け出発した。

鳥居峠

鳥居峠　カラマツ林

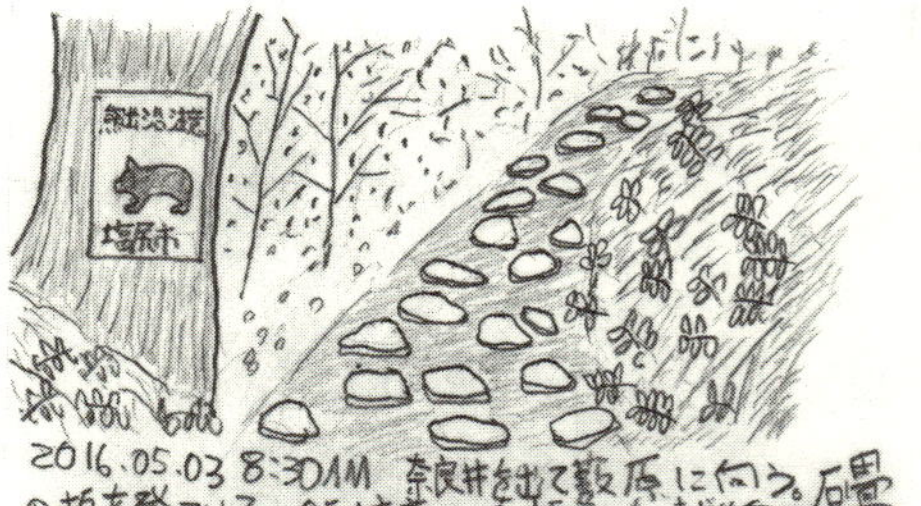
2016.05.03 8:30AM 奈良井を出て藪原に向う。石畳の坂を登っている。熊注意の看板あり。まずは鳥居峠へ。

熊除けの鐘
2016.05.03 9:30
鳥居峠はすぐそこ。

【鳥居峠】

▶2016年5月3日

新緑の時期、
カラマツ林の黄緑色に魅せられた。

奈良井宿を出るとすぐに鳥居峠への登りが始まる。石畳の気持よい道だ。少しいくと奈良井宿の街並全体が展望できる所に出た。瓦屋根が広がる景色を見ていると、これも日本の原風景だと思う。道には、クマに注意の看板や熊除けの鐘が目につく。やはりクマには会いたくないので、鐘をならしながら歩いた。普段はクマにも一度くらい会いたいものだと思っているのだが、廻りには誰もいないし、歩いている道は木に覆われて暗いので少し心細い。

そうこうしているうちに、鳥居峠についた。標高は1197mである。5月上旬ということもあり、新緑の中を少し下っていくと鮮やかなカラマツ林に入った。歩いている道はまさにマツボックリのじゅうたんだ。カラマツの黄緑色がすごくきれいだ。私はカラマツが黄金色に染まる黄葉が好きなのだが、新緑の季節もすばらしい。早春の太陽の光がカラマツ林にそそいでおり、黄緑色がいっそう引き立っている。近くには黄色い花の草花が咲き、足元にはマツボックリの茶色である。実にあざやかな光景だった。

35 藪原宿

藪原　防火高塀跡

【藪原】

▶2016年５月３日

防火高塀跡の水車は
勢いよく廻っていた。

見上げる山は雪が残っている。
2016.05.03　12:15　宮ノ越への途中。桜の下で昼食。葉桜だが花も残っている。横は木曽川。

藪原宿に入って天降社に寄った。大きなモミジがありキジの啼き声を聞きながら休憩をした。のどかさを感じて心地よい。そのすぐ近くに防火高塀跡があり、水車が勢いよく廻っている。木曽はやはり水が豊富なのだろう。

藪原は「お六櫛」が名産である。それを紹介している「木祖村郷土館」や「宮川家資料館」が近くにあるのだが寄らなかった。中山道の旅をするにあたり、その地を紹介する資料館や街道筋の寺社には立ち寄ろうと思っていたのだが、今日は福島宿まで行かなくてはならないので通り過ぎた。また、男の私にとって櫛はあまり興味をもつ製品でない。しかし「お六櫛」の問屋の前では中に入って見学しようしたのだが、なんとなく男の私が一人で入るのも変に思われる気がしたので止めた。このような気弱な対応は、後でたいてい後悔する。この藪原を深く知るためにも。店の入り口にかかっていた暖簾をはね上げて入るべきだった。藪原宿はあまり昔の街道筋の雰囲気は残っていなかった。明治に入ってから街の大半が焼けたそうだ。

藪原宿を出てしばらく歩き、桜の木の下で昼食とする。桜は葉桜だがまだ花が咲いている。やはりこのあたりは寒い所なのだ。横を流れる木曽川沿いに次の宮ノ越宿を目差して歩いた。

36 宮ノ越宿

宮ノ越　巴橋

2016.05.03 14:10
宮ノ越宿本陣

2016.05.03 14:55
福島へ向っている。
また雪で白い山が見れた
木曽駒岳だ。隣は前岳。

【宮ノ越】

▶2016年5月3日

宮ノ越では木曽義仲は英雄だった。

宮ノ越宿は木曽川と木曽義仲の街だった。その宿場の手前に巴淵という絶景がある。そこに架かる巴橋を見ながら休憩した。下には木曽川が流れ、両岸は木々が覆っており、それが映った川面は深緑色をしていて、巴橋とのコントラストが鮮やかだ。新緑の今も良いが、紅葉の頃もきれいだろう。巴橋の石垣を何かが登っている。猿だ。小猿だろうか。橋桁のふちに手をかけてぶらさがって遊んでいる。間違って落ちるとあぶないのだが、楽しそうだ。橋の欄干に上がったり、道路を走ったりしている。双眼鏡で観察をしていると、その行動はおもしろい。

宮ノ越宿では本陣が復元されている。旧旅籠の田中邸もあり中山道を盛り上げている。どちらも見応えがあり、このような建物を保存している町に好感を抱いた。パンフレットによると本陣の形式は家族が住む居室部（主屋）と大名等が休泊する客室部（御殿）を区別して、主客並列型、主客後退型、主客前後別棟型がある。宮ノ越宿の本陣は主客前後別棟型で、中山道では2軒しかない形とのことだ。客室部は間口6間奥行16間の大きさ、居室部は間口8間、奥行11間の大きさで、両者の間は3間離して廊下で結んでいた。宮ノ越宿は火災が多く（記録では7回）、焼失すれば真っ先に再建するのは本陣であり、類焼を防ぐための工夫と思われると記載されている。

義仲館に入った。ここ宮ノ越では木曽義仲は英雄である。義仲館のパンフレットによると義仲は１１５４年に武蔵国に生まれた。2歳の時に父である源義賢が源義平に攻め滅ぼされた時に、畠山重能と斎藤実盛の温情により木曽に逃れた。１１６６年に元服して木曽次郎源義仲と名乗った。１１８０年に後白河法皇の第二皇子以仁王の平家追討の令旨を奉じて旗揚げをした。倶利伽羅峠では牛の角に松明をつけて平家の大軍を

宮ノ越　義仲館　義仲と巴御前の像

撃滅させたことは有名だ。この年に入京した義仲は征夷大将軍に任ぜられたが、１１８４年後白河法皇の策略により鎌倉軍に敗れ、粟津ケ原で討ち死にした。義仲31歳の短い生涯であった。義仲が武蔵国の生まれと知り、私と同じ埼玉県なので親しみを覚えた。また斎藤実盛などは歌舞伎の世界に出てくる話であり、歌舞伎好きの私としては興味を持って館内の説明文を読んだ。人形や絵で義仲の生涯が紹介されていてわかりやすかった。館の前には義仲と巴御前の像がありスケッチを試みたのだが、正面には人が大勢いたので後ろ側にまわって描いた。義仲より巴御前の方が勇ましい感じだ。

宮ノ越宿を出てしばらく歩くと、左側に雪に覆われた山がある。公衆トイレの清掃をしている人に聞いたら木曽駒ケ岳とのこと。中央アルプスの主峰であり、一度は登りたいと思っている山だ。

原野地区を通ると石仏群が道端に並んでいた。素朴な感じの石仏で大きい仏と小さな仏が並んでいるのは夫婦とその子供達だろうか。少し歩くと中山道中間点の碑がある。だいぶ歩いてきたという思いと、もう半分終わってしまったという気持ちが半々だ。でも楽しみはまだ半分残っていると思うことにした。おもしろい旅はまだまだ続く。

37 福島宿

福島　鍵旅館の部屋より木曽川

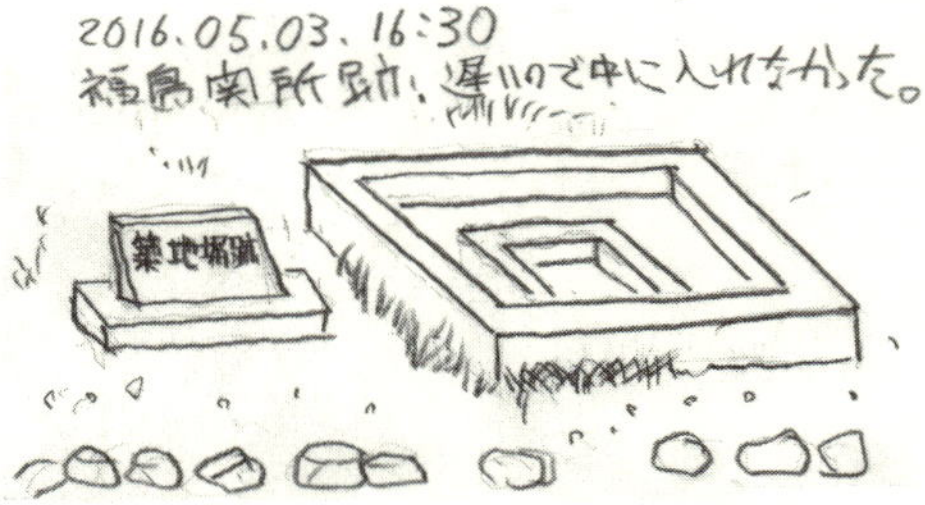
2016.05.03. 16:30
福島関所跡。遅いので中に入れなかった。
築地塀跡

2016.05.04
福島　8:15
上の段
雨も上った。
出発。
陽も差してきた。

【福島】

▶2016年５月３日～４日

木曽川で見た虹は光の芸術だった。

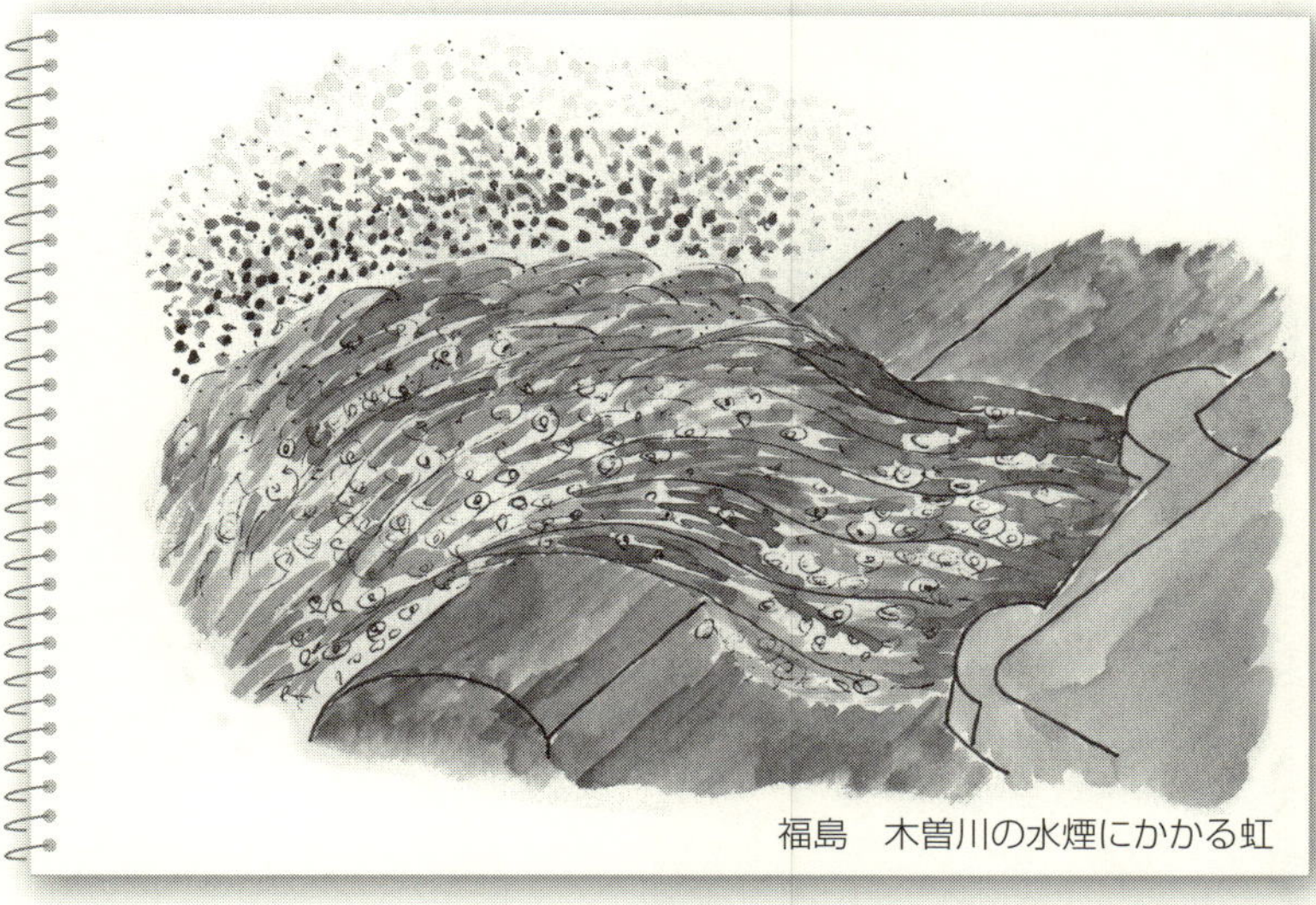
福島　木曽川の水煙にかかる虹

福島関所跡に着いたのは夕方4時半で、敷地内にある資料館には入ることができなかった。ここは天下の四大関所のひとつで、他の3つは東海道の箱根と新居、中山道の碓井の関所である。疲れていたので外から資料館を眺めて休憩した。しかしもう遅いので宿に急がなくてはいけない。

福島宿では鍵旅館という小さな旅館に泊まった。丹前などが用意されていて、映画の寅さんになった気分だ。部屋の窓からは、下に木曽川が流れていて良い景色が望める。この木曽川はこれからしばらくの間、中山道旅の景色の中心となる。

明け方に屋根をたたく雨の音で目が醒めた。雨が強く降っていて、川は大きな音をたてて渦を巻いている。旅館の赤い屋根越しに見える木曽川の対岸を見ながら、出発の時には止んでいてほしいと願いながらスケッチをした。

鍵旅館を出る時は雨が降っていたが、「上の段」という所に来ると雨はあがった。このあたりは古い民家や水場があり、街道宿場町の雰囲気がよく残っている。木曽川沿いを歩いていくのだが、昨日の雨で水量がすごい。水煙をあげている所では丁度光が当たり虹ができている。水側から青、緑、黄色がきらきらと輝いている。いかにも自然の芸術に出会ったという感じだ。

津島神社付近を歩いていると、菜の花の黄色やアヤメの紫、ハナモモの赤、ネギボウズの黄緑が鮮やかである。その隣には鯉のぼりが泳いでいる。この日は5月4日。足元にはタンポポが咲き、廻りの雑草も黄色のタンポポを引き立てている。周囲の山々と相まってきれいな景色だ。心を浮き浮きしながら歩いた。

中山道は山間の旅である。振り返ると御嶽山が後ろに見える。和田峠では正面に見えたがこれからは遠ざかっていく。そして、これからは中央アルプスを左に見ながらの旅となる。山の主役も入れ替わっていくと思いながら上松宿に向け歩いていった。

38 上松宿

上松　諏訪神社と上松小学校運動場

【上松】

▶2016年５月４日

上松は木曽川が生み出す
絶景の地だった。

上松宿に向かって木曽川沿いを歩いていくと木曽の桟跡がある。このあたりは中山道でも難所だったようで、尾張藩が石積みの桟を完成させ馬車も通れるようになったようだ。道の一部に石垣が残っている。これができる前は山腹の細い道で崖になっており、下には木曽川が渦巻いている難所だったことは容易に想像できる。この近くには赤色の鉄橋がある。橋から見た木曽川と大きな岩、木々の緑が奏でる景色はまさに絶景の地である。

中山道の旅では食事の確保に気をつけなければならない。福島宿でおにぎりを購入しようとしたが、コンビニがない。上松で食堂ぐらいはあるだろうと思い先を急いだ。正午頃に上松に着いたが、食堂を探すも見当たらない。スーパーマーケットが開いていたので、パンを買って上松小学校前で食べた。この日は休日なので運動場では少年サッカーをやっていた。その向こうに諏訪神社があるのだが、本殿と鳥居の間にこの運動場があるのがおもしろい。

昼食を終えて歩きだすと「寝覚の床」の案内表示を見かけた。木曽川に浸食された花こう岩がつくりだす景勝地として有名だ。浦島太郎がここでお土産の玉手箱を開いたことから「寝覚の床」と呼ばれている。ただ街道から少し離れているのと、線路を横断しなければならないので、いくのは止めた。

次の須原宿へは木曽川と平行して歩いていく。木曽川は山のふもとを流れ、適度に石がありいい景色だ。中央本線高架の奥には「小野の滝」があり、豊かに水を落としている。さらに進んでいくと中央アルプスの空木岳への登山口があった。いつかは登りたいと思っている山だ。その麓を歩いていることにもどかしさを覚えた。

39 須原宿

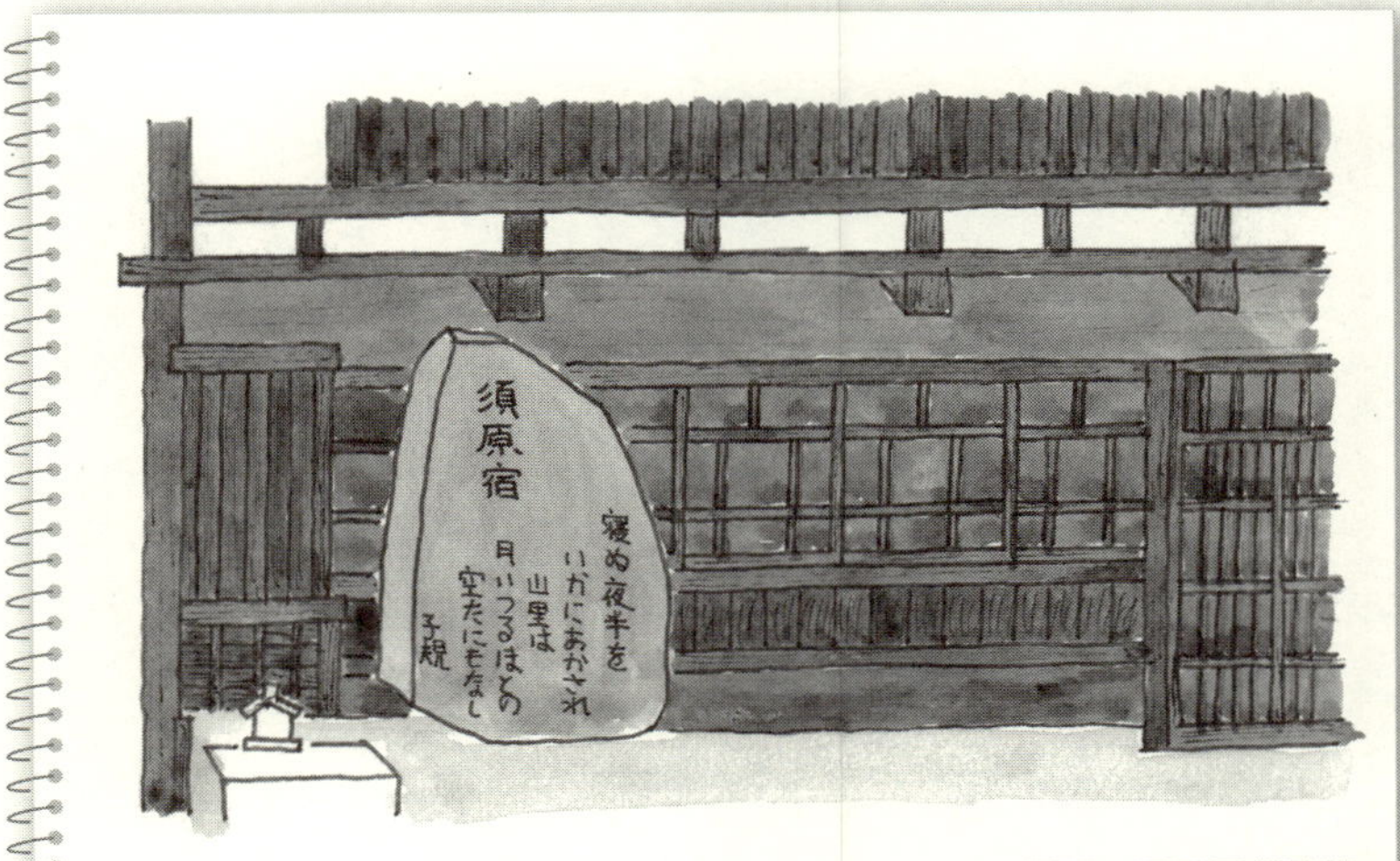

須原宿
寝ぬ夜半を
いかにあかされ
山里は
月いつるほとの
空たにもなし
子規

須原　正岡子規歌碑

2016.05.05 9:10AM
須原 定勝寺本堂
整ったきれいな建物
だ。

2016.05.05 9:20
定勝寺のボタン

【須原】

▶2016年５月４日～５日

定勝寺本堂は
整ったきれいな建物で、
敷地内にはボタンが咲き誇っていた。
そして須原宿は
「水舟の街」だった。

　須原宿には3時半頃に着いた。須原駅に入る道を間違えて少し先まで歩いて引き返してきた。須原宿は所々に古い建物があり水舟が目に付く。正岡子規の句碑を見たりして須原駅に到着した。今日の旅はここまでとし、須原駅から中央本線に乗り宿泊地である中津川まで行った。

　中山道の旅では日本旅館や民宿の畳の部屋に泊まりたい。そして風呂に入って夕食時にビールを飲みながら今日の一日を振り返るのが好きだ。しかし中津川ではホテル泊まりなので、コンビニでビール3缶と弁当を買い、ユニットバスに入ってからの食事となった。これはこれで食事時間などが自由なのでいい。この日はスケッチの枚数が多く、仕上げるのが大変だった。

　翌日、中津川駅から中央本線で須原駅へ向う車窓では木曽川がゆったり流れていた。須原宿ではまずは定勝寺である。本堂はとても大きくて私の小さな手帳ではとても描ききれない。正面の妻面の棟部分だけしか描けなかった。きれいに整った建物で、露出した構造材の茶色と白壁がいい。この本堂の他にも山門や庫裏は国指定の重要文化財で、木曽路の中でも最古刹である。定勝寺の境内は広く、大きな牡丹が咲いていた。

　定勝寺を出て長坂という坂を登り、木曽川に沿っ

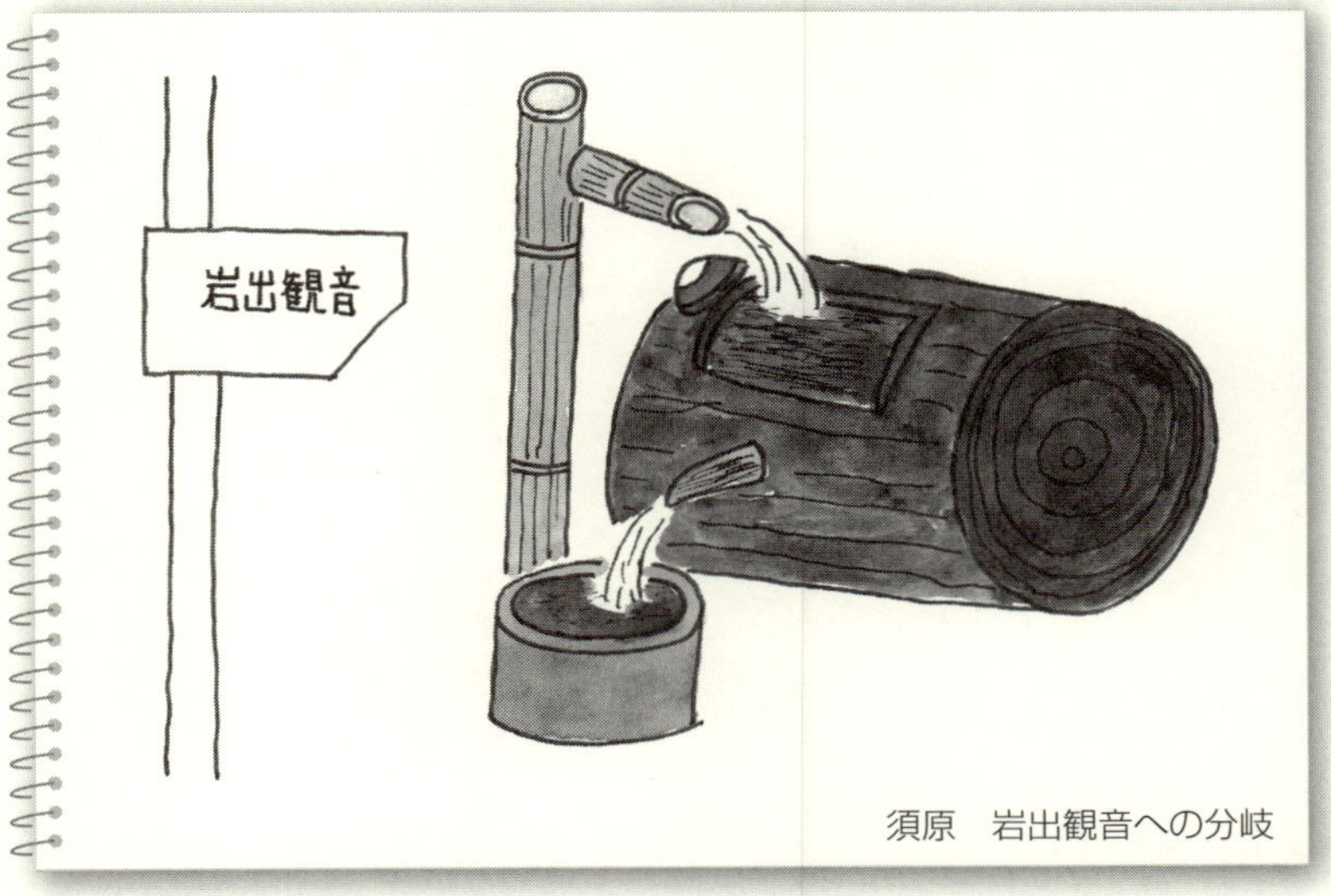

須原　岩出観音への分岐

て走る中央本線の２両編成の電車を眼下に見ながら歩いていった。しばらくすると岩出観音への分岐に着いた。そこの民家の前には丸木をくり抜いた小さな水舟がある。須原宿に入ってから感じていたのだが、この水舟があちこちにある。山から流れる水を導いているのだろう。実際に野菜を洗ったりして生活にも使っているようだ。水舟に野菜や果物が浮いているのを想像すると絵になる景色になりそうだ。木曽路は水が豊かなことが実感できた。贄川宿や奈良井宿では水場だったが、このあたりからは水舟が多く見られるようになった。

この日は旅の最終日で、次の三留野宿までいき電車で自宅まで戻ることになっている。そのために先を急ぐので、岩出観音には寄らなかった。後で木曽路のパンフレットを読むと懸崖造りという観音堂で、中には絵馬や筏流しの歴史絵があり、英泉の木曽街道六十九次「伊奈川橋遠景」の図にも描かれているとのこと。寄らないのは失敗だった。この分岐から約１００ｍ歩くだけだったたのに残念だ。しかし100m道を外れるのもそれなりに決心が必要で、その時の気持ちが積極的か消極的かで行動パターンが分かれる。ただ、事前に見ることを決めていれば、何も考えずに岩出観音を見に行ったはずで、やはり事前の調査が大切ということか。

須原宿は古い建物が多く、いい感じの街並みだった。それを引き立てているのが水舟で、「水舟の街」というのがふさわしい気がする。

40 野尻宿

野尻　野尻駅からの木曽駒ヶ岳

【野尻】

▶2016年５月５日

野尻駅から見た
中央アルプスの木曽駒ヶ岳は
いい形をしていた。

野尻宿への途中ではカエデの木に藤がつたってたくさんの花をぶらさげている。藤はまさに今が盛りで紫色の花がきれいだ。カエデの葉は新緑の黄緑で、藤の花にはミツバチもたくさん寄ってきている。この木は秋の紅葉もきれいだろうなと思いながら歩いているうちに野尻宿に着いた。妙覚寺のマリア観音を見てから旅館庭田屋をスケッチした。この旅館は趣があり泊まりたかった。中山道の旅ではぜひ泊まってみたいが、旅のスケジュールとうまく合わず残念に思うことが多い。芦田宿の金丸土屋旅館などがそうだが、この庭田屋旅館にも同じ想いをした。

野尻駅で昼食とした。そこからは頂が白い中央アルプスの山々が見える。山の名前が特定できないので、駅員の方に聞いた。わざわざ外に出てきてくださり教えていただいた。やはり一番高い山は木曽駒ヶ岳だった。ここからの山容は三角のピラミッド型で実に形がいい。また近くには藤棚があり、その下には名前はわからないが赤い花が鮮やかに咲いている。

野尻宿は道の曲がりが多く、いかにも街道筋といった感じがする。これを「野尻の七曲がり」と言い、明らかに防衛目的で計画されている。そして今回の旅の最後の宿場となる三留野へと向かった。

41 三留野宿

三留野　等覚寺

2016.0505
14:25
三留野
桃葉常夜燈
風が強い中
歩いて来た。
常夜燈

2016.05.05 14:55
三留野
和合の枝垂梅。
今回の
旅は
ここまで。
中山道

【三留野】

▶2016年５月５日、22日

三留野宿は山間の街だった。

今回の旅はゴールデンウィークの中を6泊7日で行った。和田峠越えから始めた旅だったが、その7日目最終日が今日である。三留野宿は中央本線の南木曽駅付近で、中央本線の特急が停車するのでここまでの旅とした。今日は風が強い中を木曽川沿いに歩いてきた。三留野宿近くに桃介橋という木製の吊り橋がある。渡りたかったのだが、線路の反対側でもあり、また帰りの電車時刻が気になるので双眼鏡で観察するだけにした。この橋は電力王といわれた福沢桃介が、水力発電開発のためにかけた吊り橋で、全長が２４７ｍの日本でも最大級の木製補剛トラスを持った橋である。

2016.05.05
15:10
三留野
南木曽駅
ツツジを見ながら
電車を待つ。
今回の6泊7日の旅もこれで
ツツジは咲き始めたところ。
終了。

等覚寺円空堂に立ち寄った。私は円空の仏像が好きで、微笑のある姿を見ると心がなごむ。ぜひ拝見したかったのだが、どの建物にあるのかわからず、見ることはできなかった。円空はここに滞在したとのことだ。三留野宿は大火の影響により昔の街道の雰囲気はほとんど残っていない。南木曽駅を越して少し行くと和合の枝垂れ梅がある。大きな木で確かに柳のように枝垂れている。これを見て駅まで戻り、今回の旅は終了とした。駅に着くとツツジが咲き始めたところで、それを見ながら今回の旅を振り返り電車を待った。この電車が遅れて、名古屋駅では走ってなんとか予約した新幹線に飛び乗った。

41　三留野宿

三留野宿には半月後にまたやって来た。旅の再開である。今回の旅は妻籠宿から馬籠宿を通る旅で、中山道の中でもハイライトのひとつだろう。その街並みは広く紹介されている。南木曽駅を降りて少し歩くと広場がありその中に機関車があった。今日は妻籠泊まりなので、４㎞程歩くだけだ。まだ正午前で早く着きすぎても時間をもてあますので、のんびり歩くことにしてここで昼食とした。今にして思うのだが、こんなに時間があるのなら、前回の旅で渡らなかった桃介橋にいけばよかった。

　この広場から少し歩いていくと、「袖振りの松」がある。木曽義仲が弓を射るのに邪魔になった松を巴御前が袖を振って枝を薙ぎ払ったとのことだ。中山道の旅では木曽義仲に関する逸話・伝説が多い。義仲は乱暴者のイメージがあったが、中山道を歩くと英雄的に扱われている。勝者である側が歴史を書いたからだろうか。ここには大きな水舟がある。木曽路に入ってからたくさんの水舟

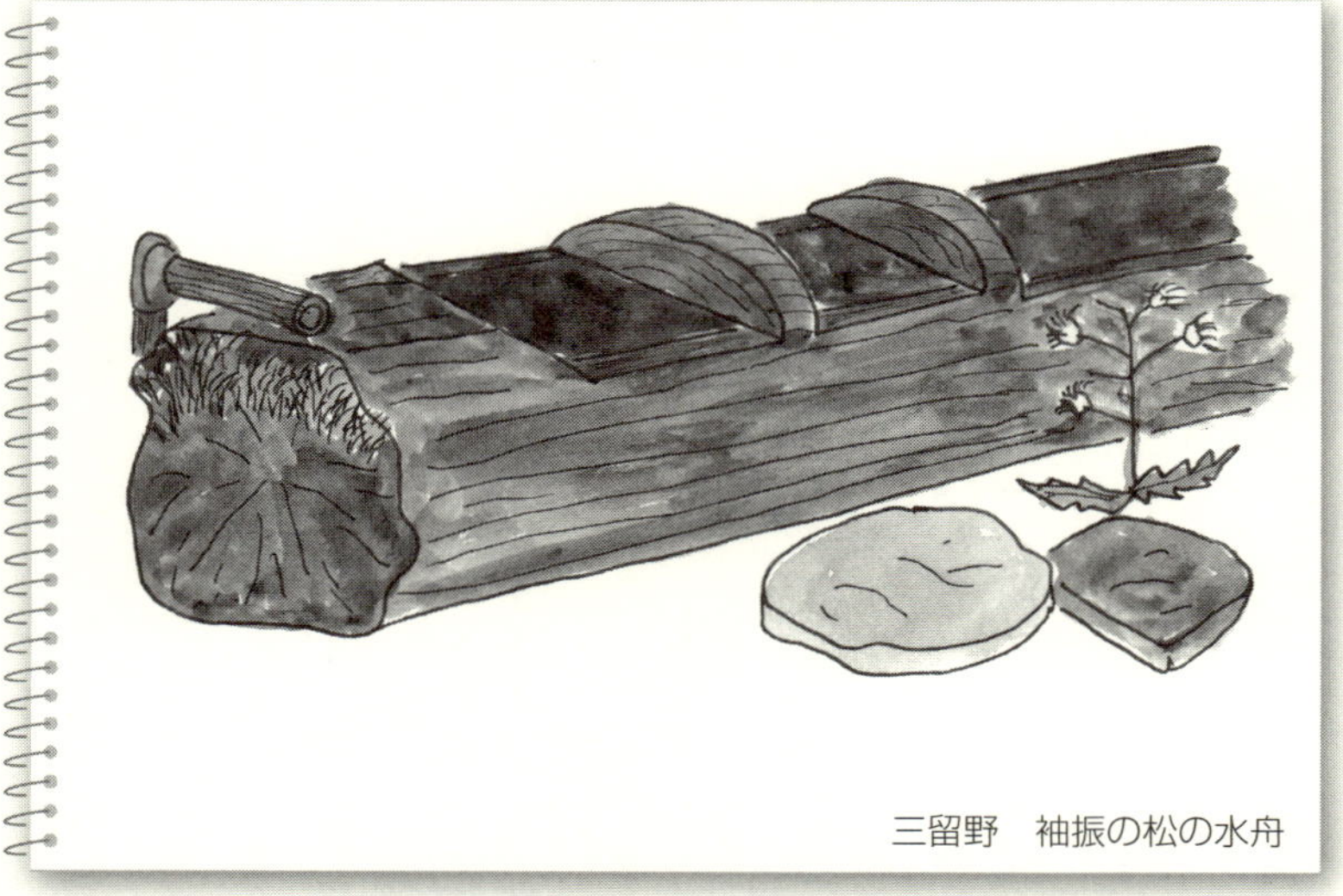
三留野　袖振の松の水舟

を見てきたが、これが一番大きい。水舟は水の豊かさを誇る木曽路の象徴だと感じた。
桃介橋や木曽川とその背景の山々。三留野宿は山間の街だった。

42 妻籠宿

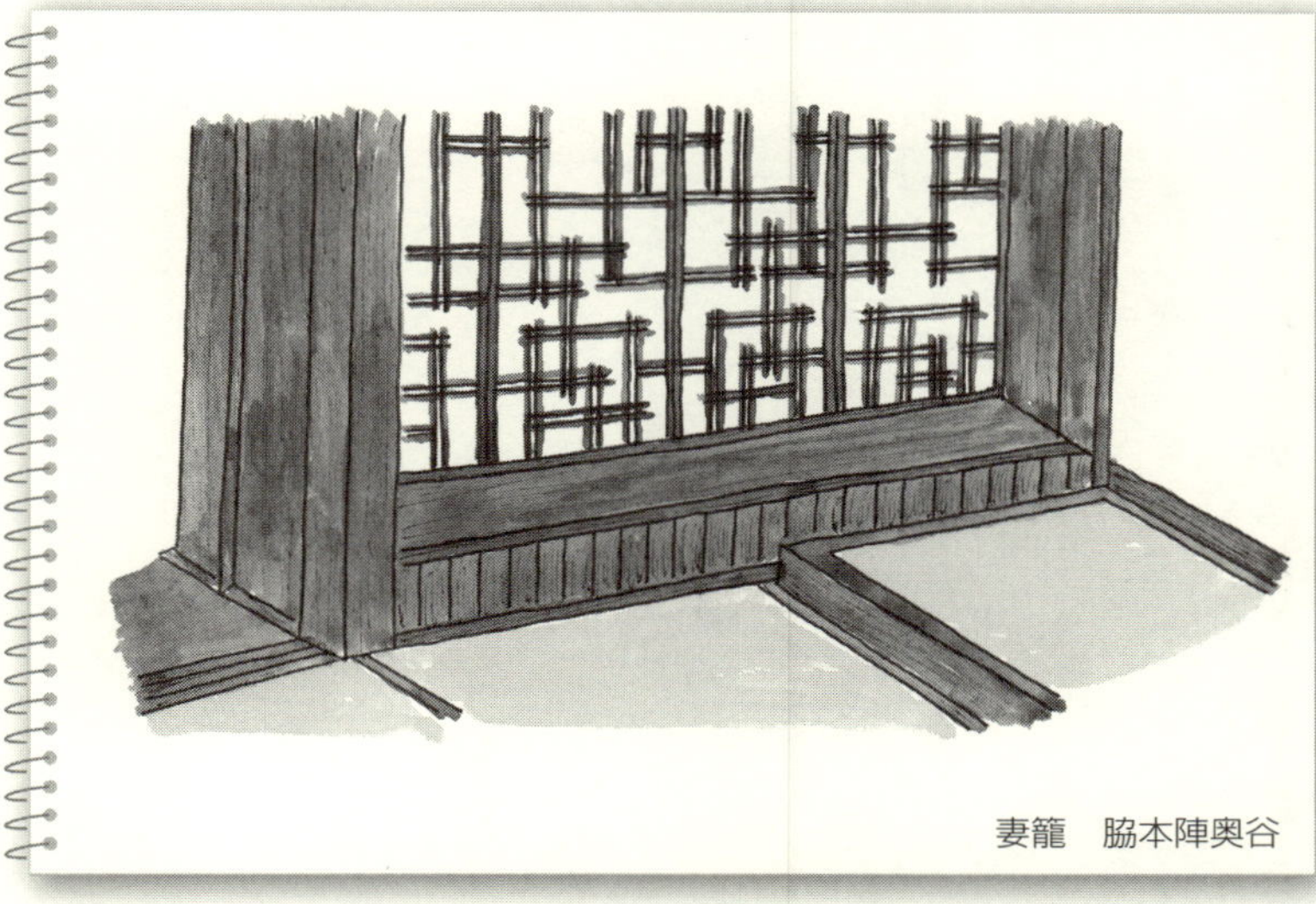

妻籠　脇本陣奥谷

【妻籠】

▶2016年５月22日～23日

中山道宿場の中で
妻籠は西の横綱。
見どころ満載の宿場だった。

馬籠峠方面を見る。
2016.05.22 12:55 はれ
妻籠城跡を通る風がさわやか。

2016.05.22 13:20 妻籠宿に入るところ。
キジのメスが出てきた。しばらく観察。

この日は天気が良くて気温も過ごしやすく、新緑の中を爽快に歩き始めた。途中、道を外れて20分ほど山道を登り妻籠城跡に寄った。明日に通る馬籠峠方面が開けていた。再び中山道に戻るとメスのキジが私の30mくらい先を横切った。キジはしばらく左側の土手の上を歩いていたが、また道路に降りてきた。しばらく見ているると右側のヤブの中に降りていった。このあたりのキジは人馴れしているのだろうか。あまり私を恐れていない。

そんなことをしている内に妻籠宿に到着。急に人が多くなった。江戸時代の雰囲気が味わえるひなびた宿

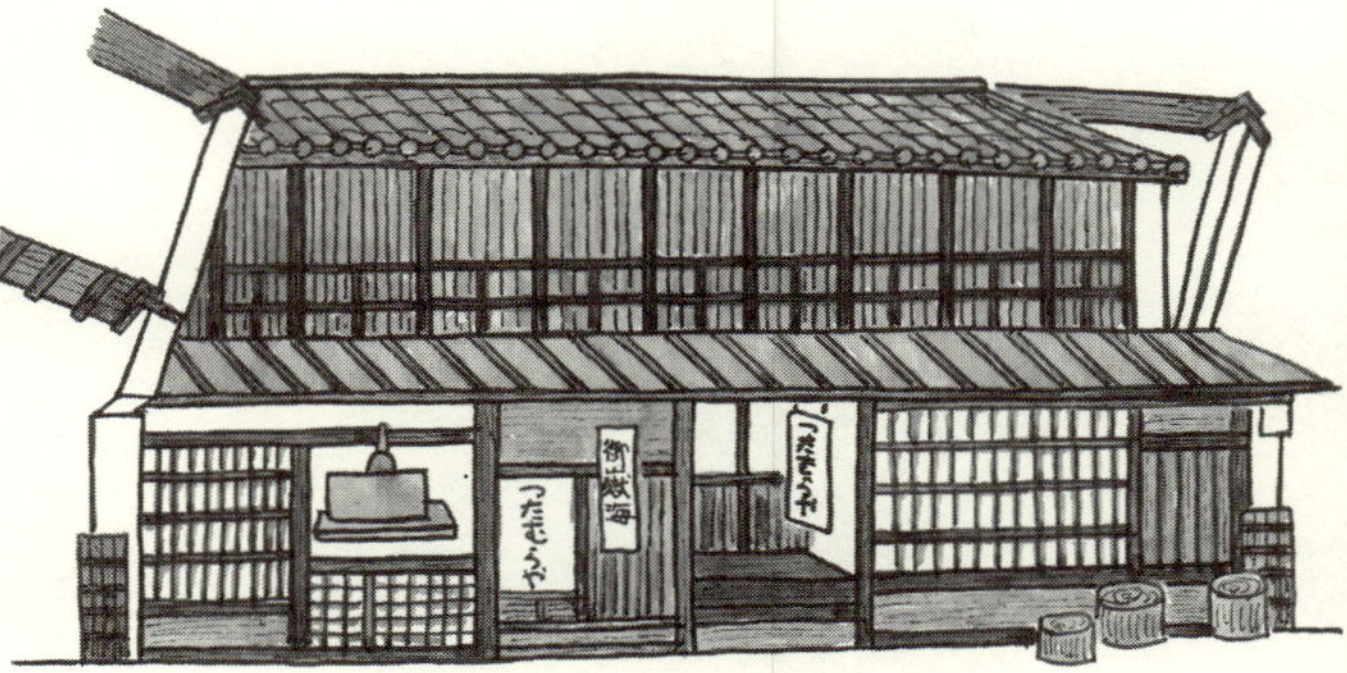
妻籠　つたむらや

場町を想像していたが、大観光地である。観光客のうち半分くらいは外国人のようだ。建物は古いものが多い。そんな中、本陣や脇本陣と資料館が見学できる通行手形を購入し、最初に奥谷脇本陣に入った。上段の間にある床の間の障子の模様が複雑で面白い。独特のリズム感があり感心した。特に赤色の桟と光が透ける障子紙がきれいだった。

本陣にも入った。こちらは脇本陣ほど人が多くなく、ゆっくり見学できた。この本陣は島崎家が代々勤めていたとのことで、島崎藤村の兄が東京へ出た後に建物が取り壊されたが、平成7年に復元されたとのこと。囲炉裏をみていると、自分の家にもほしくなった。

妻籠宿は奈良井宿と同じように街全体の景観を保存している。高台にある光徳寺に上って街並を見ると、各建物の屋根は必ずしも全てが瓦ではない。通りに面した部分の外観を保っているようだ。

今日の宿泊地は大妻籠の「つたむらや」で本陣のある

妻籠からは2㎞ほど先にある。足下の花やそれに寄ってくる虫を観察しながらゆっくり歩いていった。ここ大妻籠までは観光客は来ないようで落ちついた雰囲気になってきた。中山道には古い建物が多くあり、旅館や民宿を営んでいたりする。そうした宿に宿泊し、旅籠気分を味わえるのがうれしい。中に入る前にスケッチをした。出入り口の障子に大きく「つたむらや」と書かれているのがいい。御嶽海の札が貼ってある。最近売り出し中の地元力士だ。これからはひいきにしようと思う。ここの女将さんがよくしゃべる人で、今日の宿泊客は私ひとりということもあり、夕食ではビールを飲みながら楽しく会話をさせていただいた。廊下

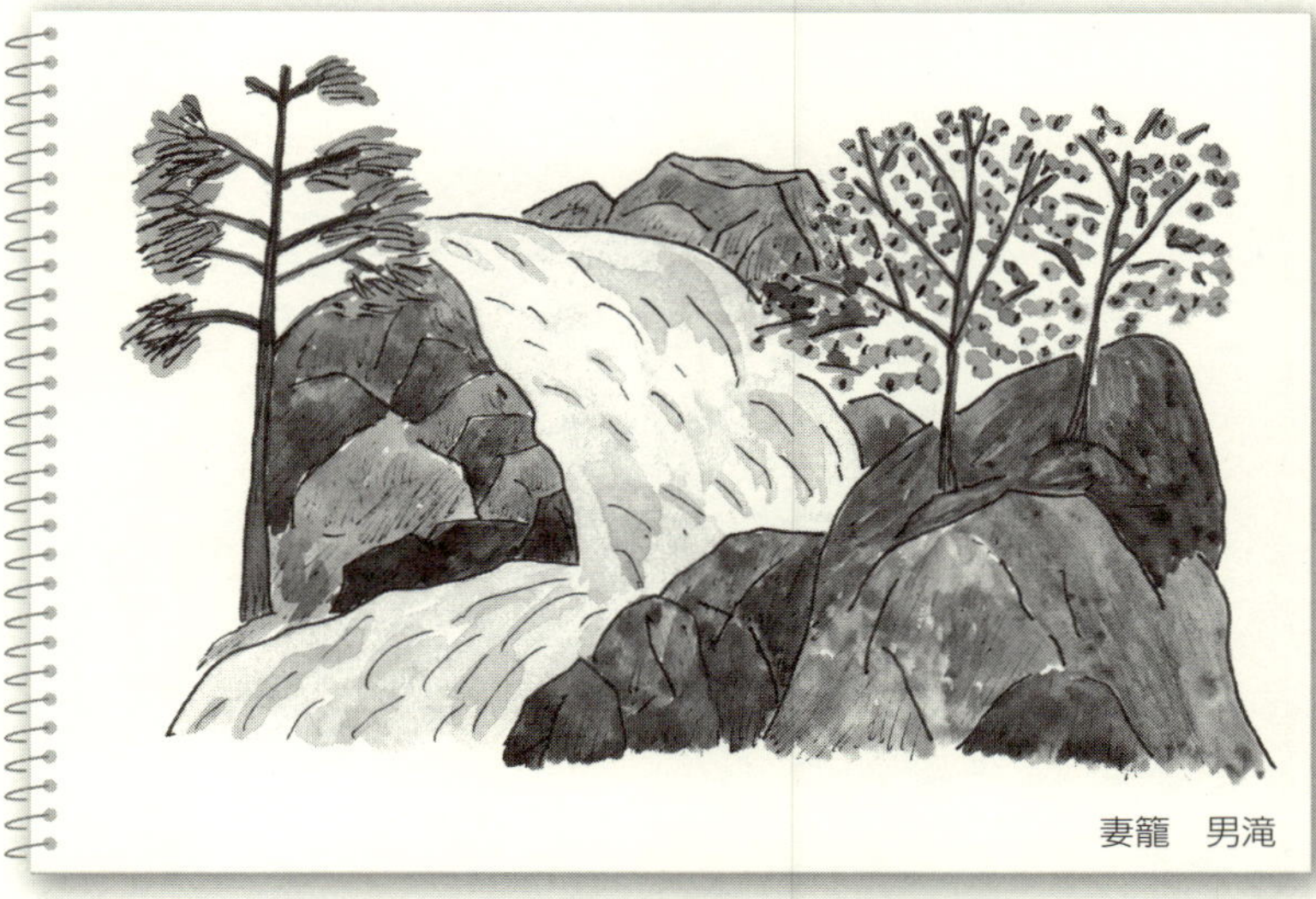

妻籠　男滝

に貼ってある新聞によると、秋篠宮様も学生時代にここに宿泊したとのことだ。

翌日は5時に目覚めたので、朝食前に付近を散歩する。途中で山の間から朝日が昇ってきた。大妻籠の朝は静かで私ひとりゆったりとした気分で歩いた。棚田ではキジの鳴き声を聞いた。しばらく歩くと藤原家住宅がある。屋根には置石がありいい感じなので立ち止まって見ていると白猫が出てきたのでスケッチをした。

朝食では自家製の野菜をたっぷりいただいた。箸をおみやげにいただいて「つたむらや」を出発した。

馬籠に向けて歩いていくと道が二つに分かれている。どちらを行ってもよいのだが、男滝と女滝を通るコースにした。滝は水量が多く、その廻りはひんやりしていて心地よい。妻籠宿は見どころ満載の所だった。自分が江戸時代の旅人になった気分が味わえた。そして「つたむらや」は印象に残る宿だった。

43 馬籠宿

馬籠　水車小屋

【馬籠】

▶2016年５月23日

馬籠上陣場跡からの
恵那山の大パノラマは忘れられない。

馬籠　馬籠上陣場跡からの恵那山

馬籠峠への石畳を上っていくと、神居木の説明板があり、そこには椹（サワラ）の大木があった。下枝が立ち下がっている針葉樹を神居木と言うとのこと。近くにクマよけの鐘があり、それを鳴らすと乾いた感じのいい音が鳴った。これでクマが退散してくれるとよいのだが。遠くから双眼鏡で見ている分にはよいのだが、道では出会いたくない。

途中で妻籠に向かう人々と出会うが、ほとんどが外国人だった。馬籠峠に到着すると標高が８０１ｍと書かれた表示が古木に掲げられている。キツツキが木をたたくドラミングの音が響いて、通りぬける風が心地よい。「峠の茶屋」があるが営業はしていなかった。登り道をずうっと歩いてきたので、汗をかきジュースを飲みたかったのだがやむを得ない。休んでいると外国人が馬籠方面から登ってきたので挨拶を交わした。

峠を後に歩いていくと十返舎一九の碑がある。一九の東海道中膝栗毛は有名だが、中山道も歩いたのだろうか、などと考えながら下っていくと石置き屋根の水車小屋に着いた。暑い日だったので木陰で休憩していると、ここでも外国人が３組ほど通り過ぎていった。妻籠や馬籠は外国ではかなり知られているようだ。

馬籠宿での印象は何といっても馬籠上陣場跡からの恵那山の大パノラマである。形の良い山で日本百名山に入るのも当然と納得した。大きな山容でいつか登りたいと思う。中山道の旅ではいろいろな山を見てきたが、この堂々とした山容は思い出に残る。

馬籠宿に入ると観光客が非常に多い。この人の密度は軽井沢に匹敵する。外国人も多いが日本人も多い。大型の観光バスで来ているようだ。土産物店がたくさんあり、石畳の坂の雰囲気もよいのだが、あまりに人が多過ぎる。馬籠宿の石畳の坂は人の少ない早朝に歩けばいい感じだろうなと思った。

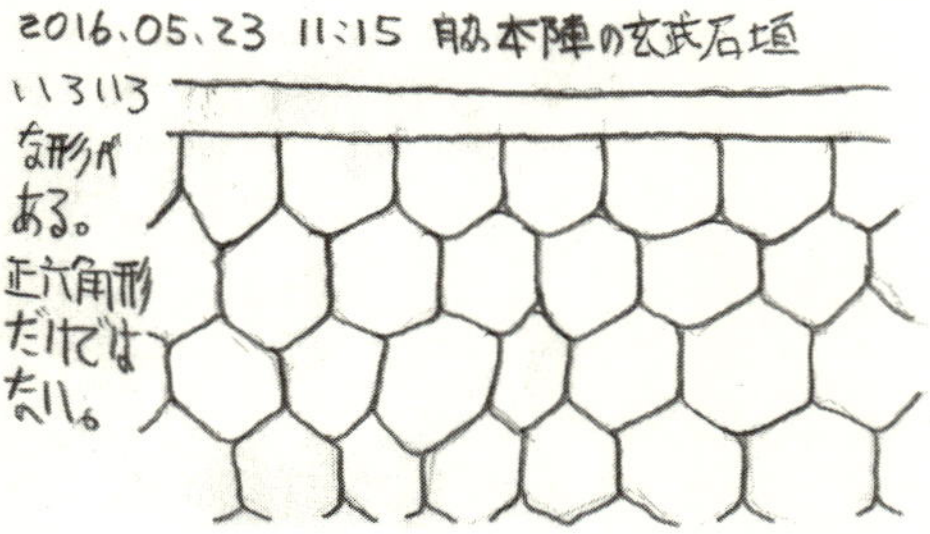

その人込みを避けるべく脇本陣資料館に入った。江戸時代の家具類などが展示されているが、坪庭にある石垣に興味を持った。北の方向の守護神である玄武神は亀で、この石垣が亀の甲羅に似た六角形であることから「玄武石垣」と名付けられた。非常にきれいな石垣である。そして本陣にも入った。そこは島崎藤村が少年時代を過ごしたところである。資

料館になっていて島崎藤村に関する品々が展示してある。家に帰ったら藤村の「夜明け前」を読み返してみようか。この本は馬籠宿を中心とした木曽路の宿場の位置関係がわかっていないと理解しにくい。中山道を歩いて各宿場の事も多少は分かったので、改めて読もうと思った。本の内容も皇女和宮が降嫁の際に中山道を通った時の時代が書かれていて、その当時の宿場や人々の暮らしの様子、明治を前にした時代の変化などが書かれている。

この日は晴れで暑い日だった。汗をかきながら人の多い馬籠宿を通り抜けて十曲峠へと向かった。

十曲峠

十曲峠　正岡子規句碑付近

是れより北
木曽路
2016.05.23
12:45
十曲峠を目指す
木曽路ともここで
お別れか。

2016.05.23
13:15
落合の石畳を
歩いていたら
テレビ東京
にインタビュー
を受けた。

【十曲峠】

▶2016年５月23日

田植えが終わったばかりの棚田は
美しかった。

馬籠宿を後にして十曲峠へ向かう。5月のさわやかな季節の中を歩いている。ホトトギスの鳴き声を聞きながら。しばらく歩くと、正岡子規の句碑があり、その付近の棚田は田植えをした直後で、作業をしている人もいて景色がすこぶるよい。しばらく休憩する。このような棚田を見ると、いかにも日本の原風景だと思う。このような景色を作ってくれるお百姓さんに感謝する。棚田を維持するのは大変な労力だろう。

少し歩くと「これより北木曽路」の石碑がある。島崎藤村が揮毫とのこと。このあたりで木曽路は終わり、美濃路に近づいたようだ。

さらに歩き続けると有名な落合の石畳に出会う。処々に昔の面影をとどめた石が敷いてある。そこを下っていると、照明やマイクロフォンをかかげた一団がやって来た。NHKで「ブラタモリ」という番組があるがそんな感じの一団だ。通り過ぎようとしたら、声をかけられてインタビューを受けることになってしまった。番組の主役らしき人から、何をしているのかとかどこから来たのかとか聞かれた。照明が顔に当たるのでまぶしかった。話が終わり、先を急ごうと歩いていると、スタッフの一人が戻って来て名刺をくれた。テレビ東京の人で、火曜日の朝7時30分からの番組で使うかもしれないので了承してほしいとのことだった。長く旅をしていると色々な事に出会う。

44 落合宿

落合　本陣

【落合】

▶2016年５月23日

善昌寺前の「門冠の松」は道路にせり出ていた。

十曲峠を下ると医王寺がある。境内に大きな枝垂れ桜があるので描きたかったのだが、私の小さな手帳では入りきらないのであきらめた。ここの薬師如来は別名山中薬師といい、狐膏薬と共に古くからなじみ深いとのことだ。昔話ではズイトンさんという心やさしい和尚さんが傷ついた狐を助けたところ、狐がお礼に膏薬の作り方を教えてくれた。これはたいそう効くと評判になったそうな。

下桁橋を渡ると落合宿だ。木曽路から美濃路に入ってきた。贄川宿あたりからはいたるところに水場があり、水舟には常に水が流れているなど、木曽路は水の豊かな地域だった。そして美濃路に入ってからは水場が見られなくなった気がする。水の流れも変ってきたのだろうか。

落合の本陣門は文化12年の大火で焼けた後に加賀の前田家から寄贈された。本陣には皇女和宮も降嫁の際に休息した。また本陣は当時の姿を留めている希少の建物だが、門が閉まっていて見ることはできなかった。

善昌寺前に道路に突き出た「門冠の松」なる松がある。さすがにあぶないと見え、「頭上注意」の注意書きが掲げられている。このあたりは道幅が狭く、自動車の往来が多いので気をつけて歩いた。近くには「助け合い大釜」がある。このような釜を何に使うのだろうと不思議に思いながら次の中津川宿へと歩きだした。

45 中津川宿

南無阿弥陀佛

中津川　庄屋跡

2016.05.23 15:00 中津川
子野の地蔵堂石仏群。風が心地よい。
左のがなまめかしい。
南無阿弥陀佛

2016.05.23
16:00
中津川
トイレから出ると
まねき猫が窓
から現れ音楽
が鳴り出した。

【中津川】

▶2016年５月23日～24日

壁に貼り付けた鯉のぼりは、
今でも頭に残っている。

落合宿からの車道歩きに疲れたので地蔵堂で休憩した。木陰のベンチに座ると、通り過ぎる風が心地よい。石仏があり、その形が妙に艶めかしいのもあるので見ていて飽きない。

中津川宿に入ると庄屋跡に大きな民家がある。今まで見てきた民家は露出した柱や梁が茶色に変色し、壁は漆喰の白というパターンがほとんどだった。それが中津川あたりから壁が黒い色の民家も多くなる。その壁に大きな鯉のぼりが2匹貼ってある。中津川ではこのように壁に鯉のぼりが貼ってある家が多く目についた。この日は5月23日で子供の日は過ぎているのだが、ここでは鯉のぼりが名物なのだろうか。私の住んでいる埼玉県では加須市の大きな鯉のぼりが有名なこともあり興味をいだいた。黒い壁をバックにした鯉のぼりは色が鮮やかで、見ていて楽しくなる。何よりも鯉のぼりが近くで見られるのがよい。

今日は妻籠宿から中津川宿まで歩いたが、その間に描いたスケッチは18枚。自己新記録であるが、ホテルでこれを仕上げるのが大変だった。そのため、風呂に入って夕食を食べ始めたのは9時頃で、非常に疲れた一日となった。

翌日は5時に起床。ホテルの窓から日の出を見る。今日も暑そうだ。7時半頃にホテルを出発。昨日は庄屋跡に建つ民家の壁に貼ってある大きな鯉のぼりにおどろいたが、それ以外にも鯉のぼりを壁に貼った民家

【卯建】
「うだつ」と読む。屋根の端を立ち上げて防火壁の役割をはたす。立派な家に見られるので、誰でもこのような家を建てたいと思うのであろう。「うだつを上げる」や「うだつが上がらない」はここから来た言葉とのこと。

がたくさんある。鯉のぼりの絵柄を見ながら歩いていく。金太郎の絵が多いようだ。

中津川宿は街道筋らしい雰囲気の建物が多い。卯建のある建物も多くて見映えがする街並だ。中には曲がった卯建があり、卯建へのこだわりがあるようだ。卯建があると建物の格がワンランクあがった感じがする。

中津川宿を出てからは田植えを終えた水田を見ながら歩く。今日が今回の旅の最終日のせいか、帰りの電車の出発時間を意識してしまいつい急ぎ足になる。それでも茄子川村の高札場跡で立ち止まる。近くには野菜の茄子が植えられていて、紫色の花が咲いている。この茄子川村は間の宿だったので、石仏など見所が多い。説明文を読みながらゆっくり歩くことを心がけて、次の大井宿へと向かった。

46 大井宿

大井　菅原神社

【大井】

▶2016年５月24日
2016年６月25日～26日

ひし屋資料館の
欄間にくり抜かれた
野菜の形に遊び心を感じた。

大井　ひし屋資料館

三留野宿から始まった2泊3日の今回の旅はこの大井宿で終わりである。この日5月24日はよく晴れていて暑かった。根津神社の関戸宝篋印塔を見ながら休む。ここは鎌倉幕府の命令で、羽風に当たると病気や死亡するという「化け鳥」を追い詰めるが力尽きてしまった根津甚八を祭っている。高台にあるので木陰に入ると心地よい風が通り過ぎる。

もうすぐ大井宿というところで菅原神社があり、そこで昼食とした。菅原神社というと牛である。菅原道真が丑年生まれとか、道真が亡くなった時に牛車を引き出したが途中で牛が止まったのでそこに埋葬したとか、関連には諸説ある。

大井宿に入ると本陣の門付近から道路には桝形がはっきり残っている。街道歩きで宿場に入るとよく見かけるが、道をかぎ状に曲げて見通しができないようにしてある。戦の時はここで待ち伏せして敵の侵入を防ぐためだ。その道に沿って歩くと、大井宿に攻め込んでいる気がしてくる。

ひし屋資料館に寄った。庄屋を務めた家の大きな町屋建築である。欄間にくり抜かれた柿の形がおもしろい。このような遊び心に接すると、こちらも楽しくなる。ここで今回の旅は終了としJR恵那駅に向かった。

前回から1ヶ月後に大井宿から旅を再開した。今日はこの大井宿泊まりなのでのんびりできる。再び「ひし屋資料館」に入る。庄屋を務めていた古山家の住居で明治初年に改築された建物だ。このような古い民家に入ると、いきなり大きな吹き抜けがあり、曲がった梁が露出している。その大きな空間に圧倒されるのが常である。ここも同じで、土間床にはかまどがあり、横の板の間には長火鉢がある。冬は寒いだろうなと思うが、ゆったりとしたいい空間がうらやましい。そこを通り過ぎて中庭に出ると蔵があり、中山道の資料が展示されていた。

資料館を出て少し歩くとおおい橋があり、欄干には英泉や広重の絵が並んでいる。今までの旅を思い出しながらひとつひとつ見て回った。中山道の街道筋ではこのように中山道を街の財産として盛り上げようとしている所が多い。このような気遣いはうれしい。

大井宿の中心地である恵那駅には午前中の早い時間に着いたので、本来なら次の宿場に向かうのだが、「中山道広重美術館」があるので広重や英泉の版画を見ながら今までの旅を振り返りたいと思いここに泊まることにした。この日は「空の貌」という企画展を行っていて、風や雨、空などの表現に見入った。自然現象のある一瞬を切り取る鋭い視点は参考になる。東海道の作品だが広重の「庄野　白雨」は改めて傑作だと思った。画面では雨や風や音の激しさと共にスピード感なども表現している。私も東海道の庄野を歩いた時に激しい雨に出会ったことを思い出した。そして雨に耐えかねて雨具を着た場所は、広重が「庄野　白雨」を描いた場所付近だったことを後で知った。展示作品を見終わった後に、浮世絵版画の体験ができるので試しにやってみたらきれいに仕上がった。隣にいた見知らぬ人にもほめられた。多色刷り版画にはいつか挑戦してみたいと思ってはいる。

大井　中山道広重美術館

この日は午後から雨が降り出した。夕方にホテルに入り、部屋から眼下に見える美術館を描いたが、やはり通りから見た建物を描きたい。

翌日の朝には雨はあがったので、5時半にスケッチをした。美術館は青色の外壁に黄色と茶色の壁をアクセントにした感じのいい建物だ。中山道を旅してからずうっと民家や寺社などの古い建物に目がいってたので、このような現代の建物をスケッチしたくなったのだろうか。まだ人が歩いていない中、ひんやりした空気が気持ちよかった。

十三峠

十三峠　藤村高札場

2016.06.26 8:45
これより十三峠のはじまり。

【十三峠】

▶2016年６月26日

十三峠は名前の通り
登り下りが続く
林の中の楽しい道だった。

【十三峠】（中山道大井宿より大湫宿へ　ガイドマップより）

- 西行坂・七本松坂・槙が根坂・みだれ坂
- うつ木が原坂・かくれ神坂・平六坂
- 紅坂・念仏坂・西茶屋坂・三城坂
- 茶屋坂・新道坂・権現坂・鞍骨坂
- 五郎坂・樫木坂・巡礼坂・びあいと坂
- 曽根松坂・観音坂・八丁坂・山神坂
- 寺坂

十三峠は名前の通りにアップダウンが多くて結構疲れる道だった。各々の坂には名前が付いている。その名前にはそれぞれ意味があり、歴史があるのだろう。まだアジサイも咲いていて、藤村の高札場ではひまわりも咲いていた。

途中、下街道への追分がある。これは土岐や多治見を通って名古屋に至る道である。中山道ではこのような分岐点によく出会う。下街道は竹が生い茂り、その落ち葉が敷き詰められた雰囲気のよい道だった。

紅坂の一里塚付近の木陰で休んでいると、ヤマドリが２羽道を歩いている。普段は藪の中にいて姿を見せることはあまりないが、ここでは双眼鏡でも確認することができた。

十三峠は林の中を歩く楽しい道だった。途中でゴルフ場の道を横断した時もあった。車は通らないので、道の真ん中を安心して歩いていける。バードウォッチングしながらゆっくり大湫宿に向け歩いていった。

47 大湫宿

大湫　神明神社の大杉

【大湫】
▼2016年6月26日

神明神社の大杉はすごかった。
見上げていて圧倒され続けた。

中山道を旅して、多くの美しい景色に出会った。しかし、すごいなと感じたのがこの神明神社の大杉である。正面から見ても大きいのだが、階段を上り裏から見ると驚いた。苔がびっしり付いており、迫力がすごい。私のスケッチは手帳1枚に描くのだが、あまりに大きいので、2枚を使った。こんなことは初めてだ。いつもなら手帳1枚に入りきれない場合は描くのをあきらめたのだが、この大杉はどうしても描きたくなった。神社の案内文によると、この大杉は江戸時代から大きくて有名だったとのことだ。推定樹齢は約1300年。

中山道を旅してきて、大きくてりっぱな木にはたくさん出会った。神社には御神木として大きな木はたくさんあった。碓氷峠の熊野神社で見たシナノキは貫禄があったし、贄川のトチノキもりっぱな姿をしていた。それらの中で一番すごいと思ったのがこの神明神社の大杉だ。時間が許すのならいつまでもこの場にいたかった。

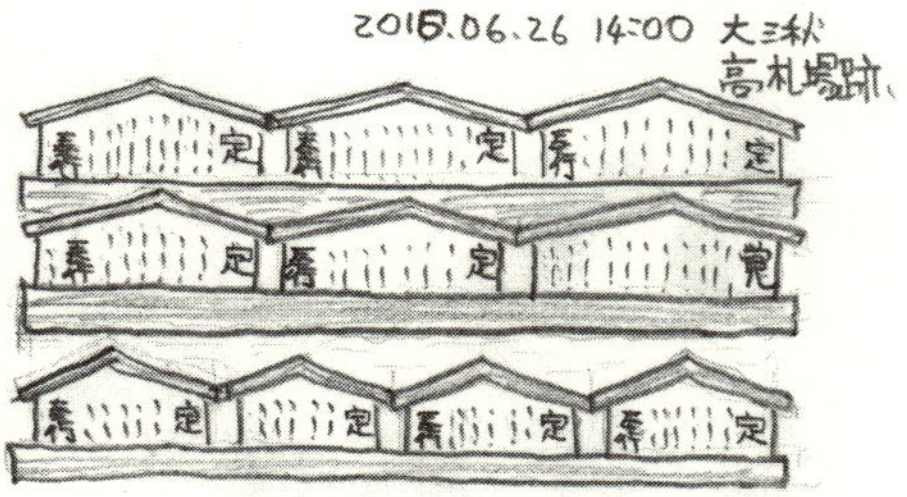

琵琶峠

琵琶峠　石畳

【琵琶峠】

▶2016年６月26日

琵琶峠の石畳の石は
大きくて苔がむしていた。
それが愛おしく、
踏まないように歩いた。

大湫宿では茶屋があり五平餅を食べた。店の人は親切にもお茶を出してくれて、おいしくいただいた。実はこの直後に、私にとって小さな不運と大きな幸運が起こった。この茶屋の近くに公衆電話があるのだが、そこから今日宿泊する細久手宿の「大黒屋」に電話をするように宿の主人に言われていた。だが、この公衆電話が壊れているのか、カードを入れても通話ができない。困って茶屋の人に相談をすると、その方が自分の携帯電話で「大黒屋」にかけてくれた。ひとり旅をしている中で、このような親切は身にしみる。携帯電話を持たない主義の私であるが、もう少し時代に合わせた方が良いかもしれないと思った出来事だった。そういえば、デジタルカメラを持たないで手帳にスケッチをしているのも時代に合っていないかもしれないが。

このような訳で、大湫宿を気持ちよく後にして細久手宿に向かった。しばらく歩くと車道をはずれて、琵琶峠に入る。この石畳が立派でひとつひとつの石が大きい。石には苔がむしており時代を感じる。ガイドブックによると、岐阜県史跡になっていて、江戸時代の石畳としては最長とのこと。苔が愛おしく踏まないように歩いていった。アスファルトの車道を歩くより、このような土道を歩く方がおもしろい。落合の石畳もよかったが、琵琶峠の石畳は素朴な感じがしてこれもまたよい。

48 細久手宿

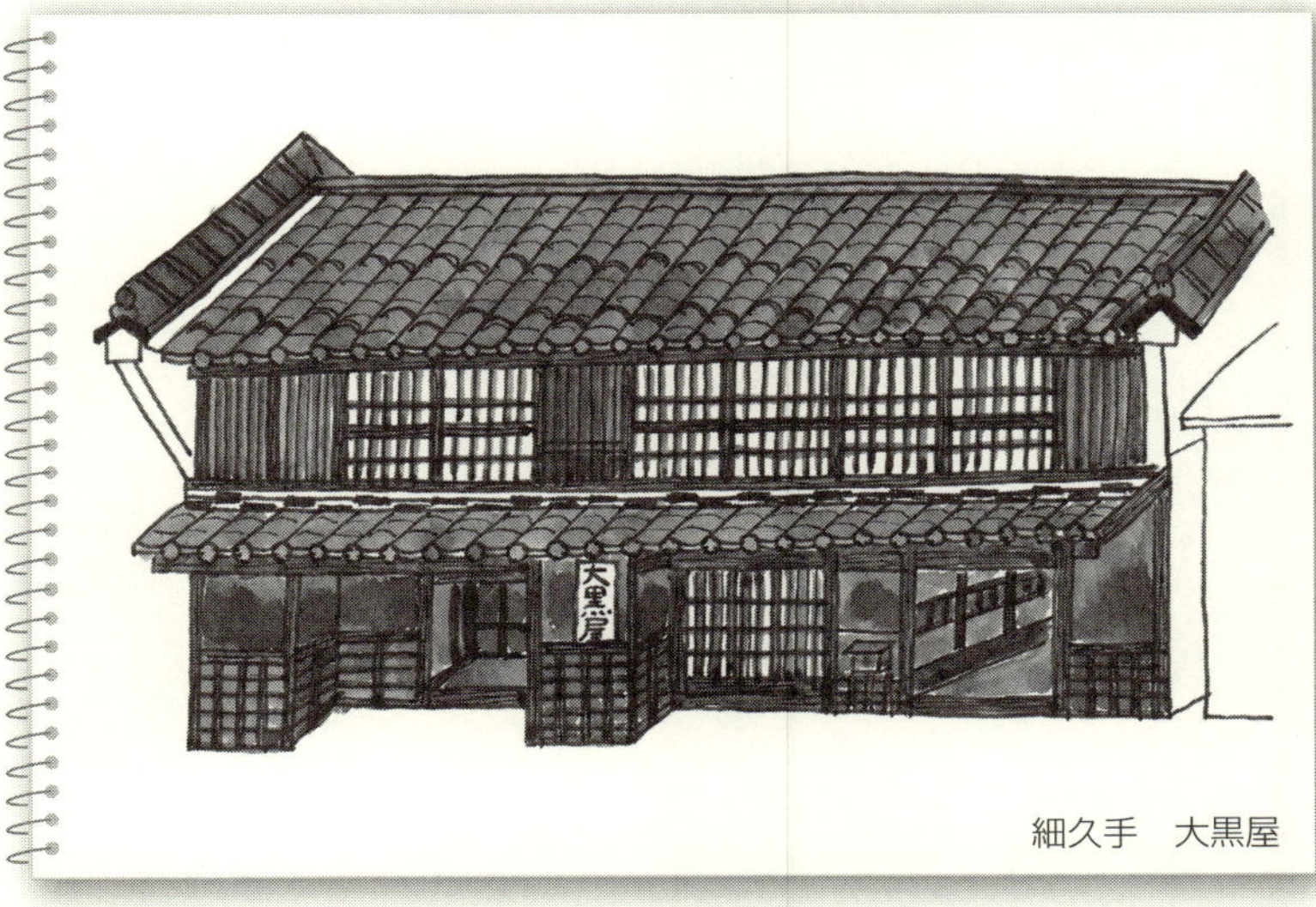
大黒屋

細久手　大黒屋

2016.06.26 15:20
細久手 弁天池
カキツバタが見られないのは残念。

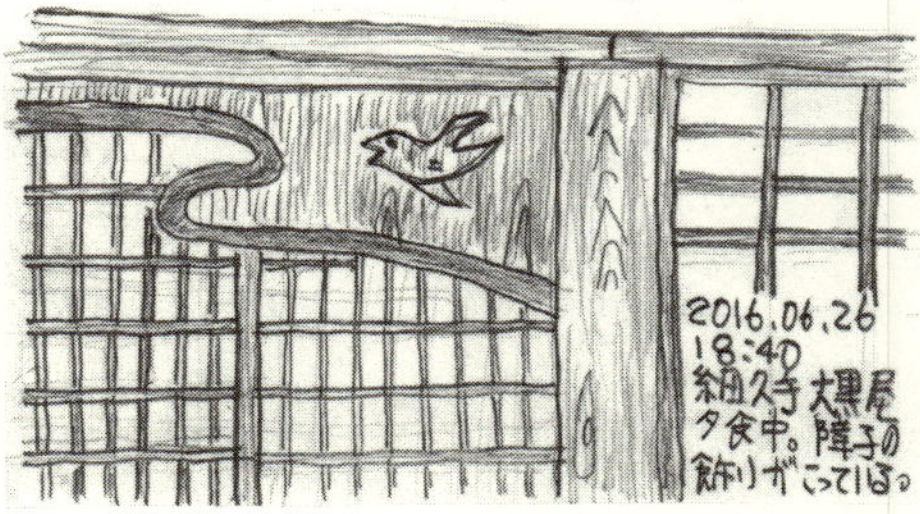
2016.06.26
18:40
細久手 大黒屋
夕食中。障子の
飾りがこってる。

【細久手】

▶2016年６月26日～27日

大黒屋は尾州家定本陣。
私は大名気分を味わった。

弁財天の池に寄ったが、カキツバタは開花の時期を終えていた。細久手宿に着いたのは夕方だった。そこには、大湫宿で茶屋の人に電話していただいた「大黒屋」があった。屋根の両端に本卯建という飾りのような防火壁が建ち上がり、実に趣のある建物である。すぐに中には入らず30分くらい見とれていた。ホームページによると安政5年（1858年）の大火類焼直後に再建された建物とのこと。私の泊まった部屋は2階の座敷でりっぱな床の間がある10畳の和室だった。この建物はおもしろい間取りをしていて、階段の廻りを廊下が巡っている。また、私の部屋から出た直ぐの所に梯子のような急こう配の階段があり、1階の洗面所や便所にいくのに利用できる。古い日本旅館は、階段が建物内にいくつもあり、おもしろい間取りの建物が多い。泊まり客は私一人なので、あちこち見て回った。

夕食は1階の上段之間でとらせていただいた。ふと横を見ると実にしゃれた障子で透かし彫のような鳥の模様がある。それを見ながら、美味しい料理を食べ、ビールを飲みながら今日の一日を振り返った。このようなひと時に、生きている幸せを感じる。

翌日は5時前に目覚めた。双眼鏡を持ち、バードウォッチングをしながら付近を散歩することにした。宿を出ると、山から朝日が昇ってきた。御来光を見るのは気持ちいい。日吉愛宕神社にいった。その境内はウグイス

細久手　日吉愛宕神社

とホトトギスが共演といった感じで鳴き合っている。本殿の前に狛犬がある。その表情がユーモラスでしばらく眺めていた。この神社は細久手宿を開いた国枝氏により文禄４年（１５９５年）に創建されたとのことだ。

神社を出て大黒屋に戻ろうと歩いていると、車道の脇にはピンクや紫の花が咲いている。地元の人達が大切に育てていて、タイヤの中を花壇として利用している。それらを見ながら宿に戻った。細久手宿は安政5年の大火があったせいか、あまり古い建物は残っていないが、静かな山間の旅人気持ちのいい街だった。そして大黒屋では江戸時代の旅人気分を味わえた。いや、大黒屋は尾州家の定本陣だったので、大名気分を味わったと言うべきか。

朝食を終え出発する。30分程歩くと、石垣の中が3か所窪んでおり、各々に仏像が安置されている。ここを秋葉坂の三尊石窟という。明和5年（１７６８年）の馬頭観音、同7年の千手観音と秋葉前立仏がそれぞれの石室に祀られている。木陰でもあるし、早速休憩となったが、このようなことをしているから、私の旅はなかなか前に進まない。天気もよいので、バードウォッチングをしながら、のんびり次の御嶽宿に向かった。

2016.06.27 5:00AM 細久手
細久手は山向の町である。陽が登ってきた

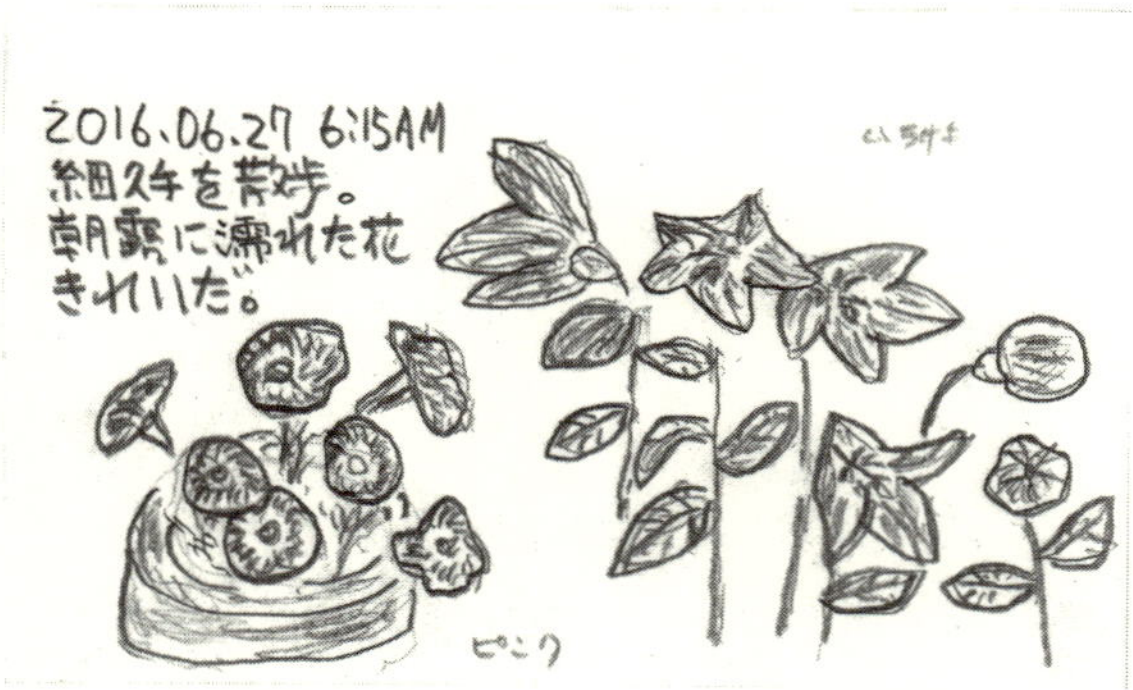
2016.06.27 6:15AM
細久手を散歩。
朝露に濡れた花
きれいだ。
ピンク

2016.06.27 8:30AM
秋葉坂の三尊石窟

49 御嶽宿

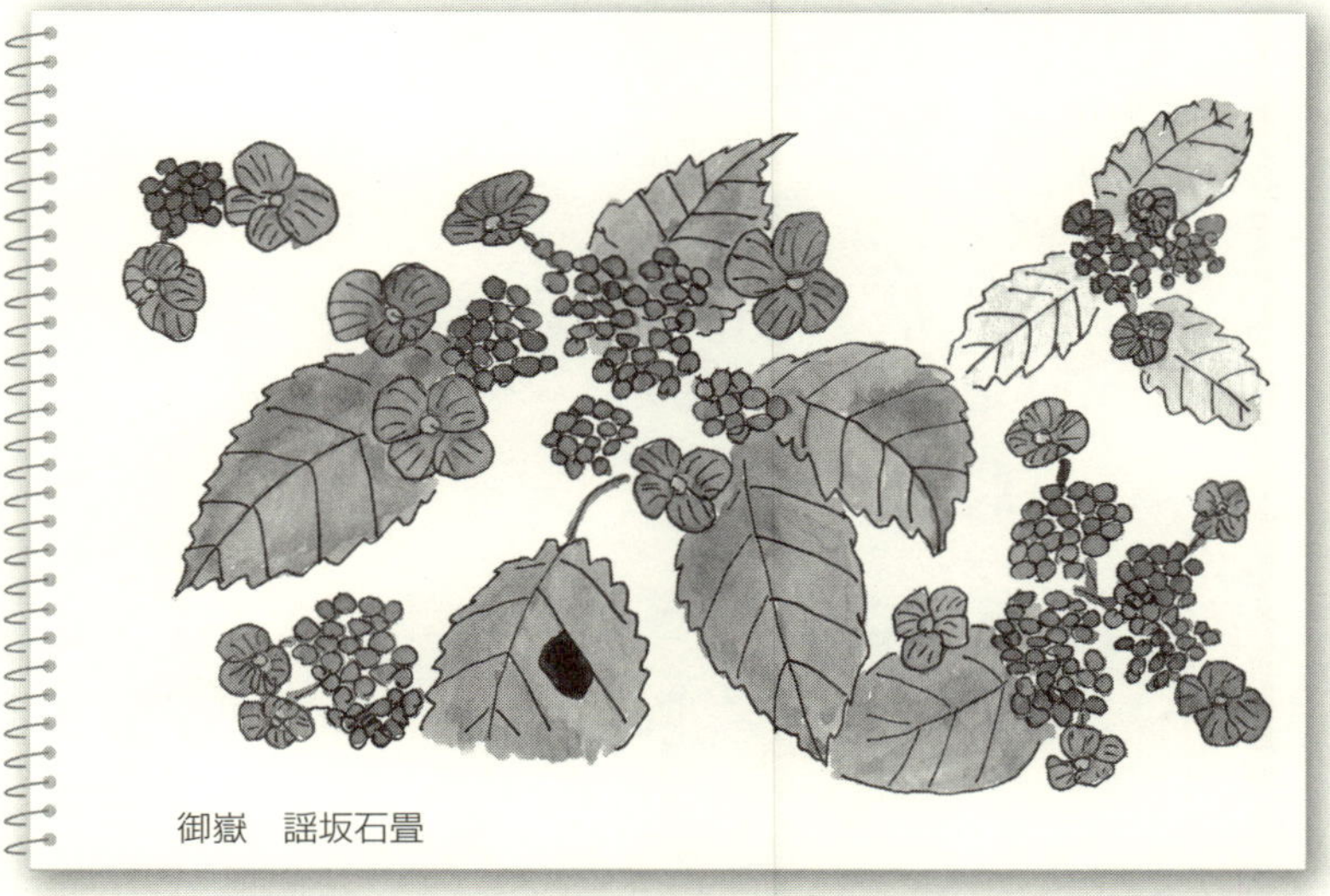

御嶽　謡坂石畳

【御嶽】

▶2016年６月27日、10月28日

「ひとりさえ渡ればしずむうきはしに
あとなるひとはしばしとどまれ」

和泉式部

大井宿から始まった2泊3日の旅は御嶽宿で終わりである。6月なのでアジサイが咲き誇っていた。この日は梅雨にもかかわらず好天で暑かった。謡坂石畳まで来てアジサイを描いていると便所に行きたくなった。運よく便所の標識があり、その便所を使わせていただいた。きれいな便所で地元の人の掃除がいきとどいていた。ここ「謡坂」は余りの急坂のつらさを紛らわすために唄を歌いながら登ったことから呼ばれたらしい。また少し行くと「牛の鼻欠け坂」がある。こちらは牛の鼻が擦れて欠けてしまう程の急な坂なので名付けられた。

しばらく歩くと「和泉式部廟所」という石碑がある。和泉式部と言えば平安時代の有名な歌人だ。東山道をたどる途中に病になり、この地で亡くなったとのこと。碑には「ひとりさえ渡ればしずむうきはしにあとなるひとはしばしとどまれ」と刻まれている。暑い中、なんとか御嶽宿に着き、名鉄御嵩口駅から電車に乗り家路に着いた。

夏の暑い間の旅は休止し、中山道の旅の再開は10月下旬だった。その日はひどい雨で、商家竹屋の古い建物を見た後、蟹薬師願興寺でしばらく雨宿りをしていた。昔の旅人も雨の時はこのようにして雨を避けたのだろうか。でも、やみそうにないので次の伏見宿に向かった。和泉式部は「しばしとどまれ」と言っているが。

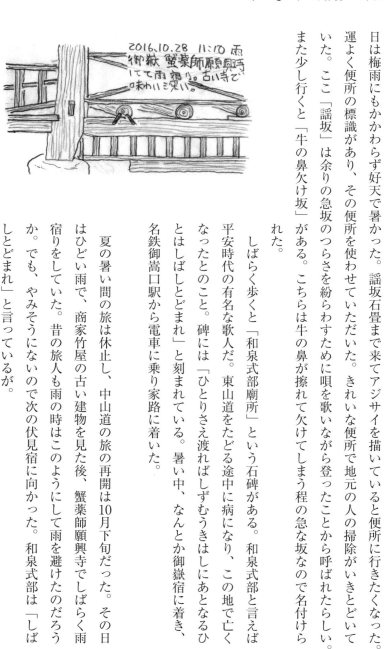

50 伏見宿

伏見　可児川

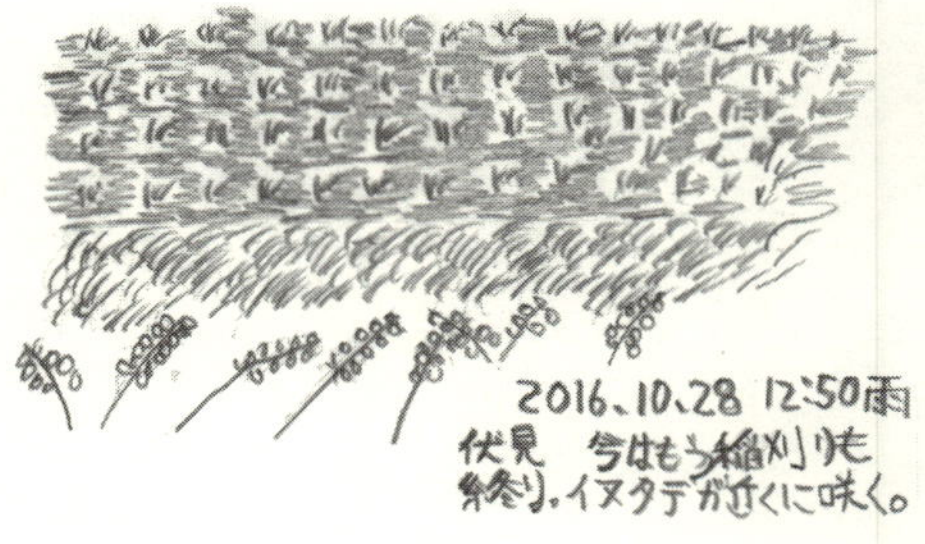
2016、10、28 12:50雨
伏見　今はもう稲刈りも
終り、イヌタデが近くに咲く。

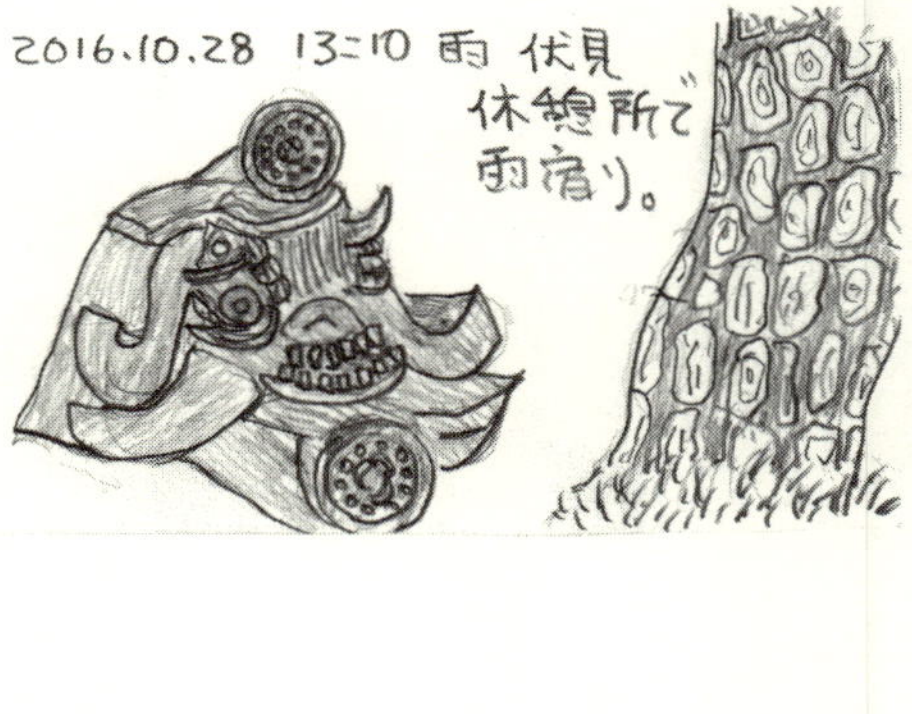
2016、10、28 13:10 雨 伏見
休憩所で
雨宿り。

【伏見】

▶2016年10月28日

雨の中、
「中山道ゆったり伏見宿」では
温かいもてなしを受けた。

2016.10.28
14:00 雨
伏見
中山道の案内所
をのぞいていたら
係の人が中へ招
いてくれてコーヒー
をごちそうにな
った。この建物
は昔郵便局だ
ったとのこと。

可児川に架かる鉄橋を名鉄の赤い電車が通っていく。背後の山は霧の中に浮かんでいる。そんな景色を見ながら歩き、伏見宿に着いた時は雨がかなり強くなってきた。一本松公園があり休憩した。新しい綺麗な公園で東屋があり、そこには伏見宿に関するパネルが展示してある。駱駝についての記述がおもしろい。幕府への献上品としてオランダ商人が輸入したペルシャの駱駝だが、幕府は辞退したため興行師の手に渡り、江戸へ向けて中山道をたどる途中に3日間ほど伏見宿に滞在して多くの見物客を集めたとのことだ。異国に地にたった1頭で来た駱駝がかわいそうな気もしたが、当時の中山道は難所や河川の渡りも多く無事に江戸に着いたのだろうかと思った。ところで岐阜県内の中山道17宿を踏破するスタンプラリーをやっていて、伏見宿は駱駝の絵だった。江戸時代から現代までこの出来事が語りつがれているのだ。当時としては衝撃的なニュースだったのだろう。

松屋山田家住宅という古民家がある。そこは「中山道ゆったり伏見宿」という案内所になっている。ひどい雨の中、建物の前で雨宿りをしていると、スタッフの方が中に入れてくれて、コーヒーとお菓子までごちそうになった。30分間くらい滞在してスタッフの方とお話をした。雨は止みそうにないので、外に出てこの建物を描いていると、雨の中をわざわざパンフレットを持ってきてくれた。親切がありがたかった。その後、この時いただいた岐阜県17宿散策ガイドはおおいに役立った。

51 太田宿

太田　美濃太田駅

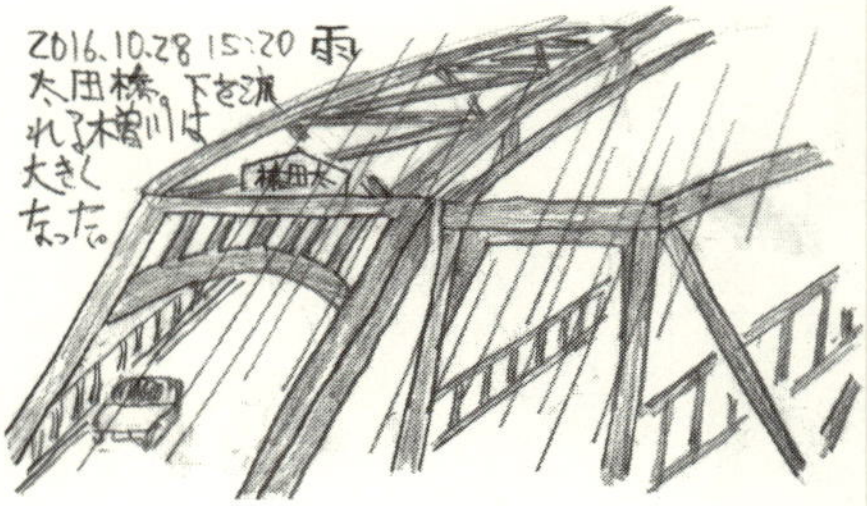

【太田】

▶2016年10月28日～29日

古い民家は風格があり、
土手道から見た木曽川の景色は
すばらしかった。

この日は御嶽宿から歩き始め、伏見宿を通り太田宿に来たが、ずうっと雨が強かった。正直、スケッチなどしている場合ではなく、傘をさしても手帳に雨がかかるので、鉛筆がのらない。太田橋に来た時など土砂降りで、本来なら「太田の渡し場跡」などは当然見にいくのだが、川の土手の上からその方面を見るだけにした。激しい雨で河原は水たまりになっている。それに靴の中までずぶ濡れでいく気が失せた。

この日は美濃太田駅近くのホテルに泊まった。朝に雨は止んできて部屋の窓から山々が見え、雲が雲海のように山に入り込んでいた。6時頃、その雲の間から太陽が出てきた。この日の出の一瞬は廻りがオレンジ色に輝きすばらしい景色だった。私はいつも5時頃には起きるので、ホテルの高層階に泊まった時は日の出を見ることがよくある。この瞬間は一日の中でも一番美しい時だと思っている。この日の日の出の時に廻りがオレンジ色に染まることを登山の世界ではモルゲンロー

2016.10.29
8:20
太田の古い
住宅。木曽川
の堤より見る。

後ろは木曽川
ヤドリギが
たくさんつい
ている。
2016.10.29
10:10AM
太田 中山道会館
エノキとヤドリギ

トと言う。これを部屋の窓から見られるとは運がいい一日の始まりだ。

太田宿には古い建物が多く残っている。それらを見ながら歩いていくと脇本陣林家住宅がある。これがよかった。国の重要文化財であり、とにかく古くて大きい。そして立派な卯建がある。林家は脇本陣のほか太田村の庄屋や尾張藩勘定所の御用達も務めていて、質屋や味噌醤油販売も営んでいた旧家であるとのこと。そして槍ヶ岳の開山で有名な播隆上人はここで亡くなったとのことだ。また、板垣退助はここに泊まった翌日に岐阜で暴漢に襲われた。その時、板垣退助は「我死するとも自由は死せん」と言ったが、後に「板垣死すとも自由は死せず」として広く知られている。脇本陣林家の前は大きな空き地なので、建物は大きくても十分距離をとってじっくり見てスケッチができた。脇本陣の向かいには本陣の門が残っている。こちらも時代が入っていて美濃加茂市指定重要文化財である。

近くの中山道会館に寄った。中では太田の名産物が販売されている。私が着いたのは9時半くらいで、植木などを並べ始めている最中だった。それらを見ながら、ここでは中山道の資源が大切にされているのを感

太田　木曽川

じた。敷地には大きなエノキがありヤドリギがたくさん付いている。ヤドリギの丸い形がおもしろくしばらく観察した。ヒレンジャク（鳥）でもいないかなと思い双眼鏡を取り出した。

次の鵜沼宿へは木曽川沿いの土手道を歩いていくが、ここからの景色はすばらしい。中山道の旅では藪原宿あたりから木曽川沿いを歩いてきたが、木曽川の景色はここがクライマックスである。川も大きくなり廻りの岩や山の景色と相まってきれいだ。昨日の雨のため、水量が増して流れも速くなり、川幅も広くなったのかもしれない。この日は晴れて本当によかった。思い起こすと、5月に福島宿を過ぎてから見た木曽川では水煙に虹が出ていた。その時も前夜に雨が降って川が増水したので大きな虹となったのだろう。雨の後に晴れた空の下、木曽川沿いに歩けたことは運がよかった。

秋の日の中、コスモスを見ながらゆっくり鵜沼宿に向け歩いていった。

太田　木曽川　行幸巌付近

52 鵜沼宿

清酒
菊川

鵜沼　菊川酒造

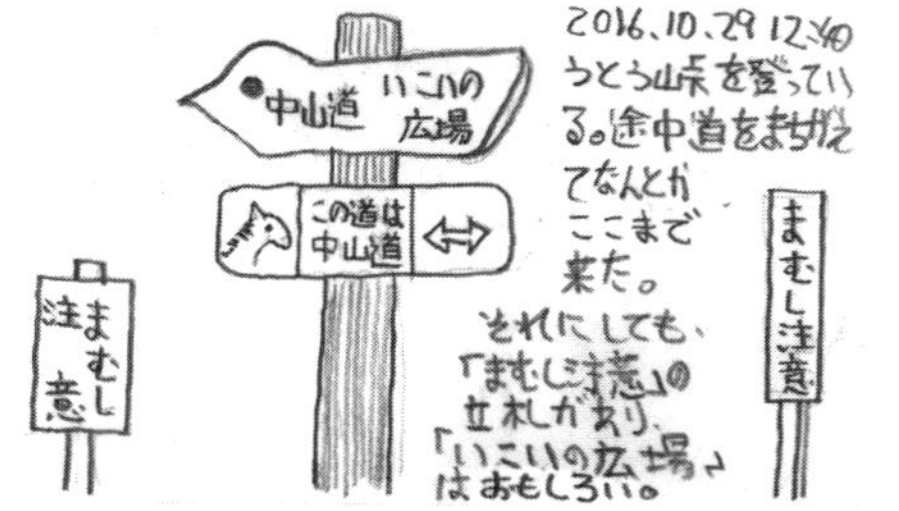

中山道 いこいの広場
この道は中山道
まむし注意
まむし注意
2016.10.29 12:40
うとう峠を登っている。途中道をまちがえてなんとかここまで来た。
それにしても、「まむし注意」の立札があり、「いこいの広場」はおもしろい。

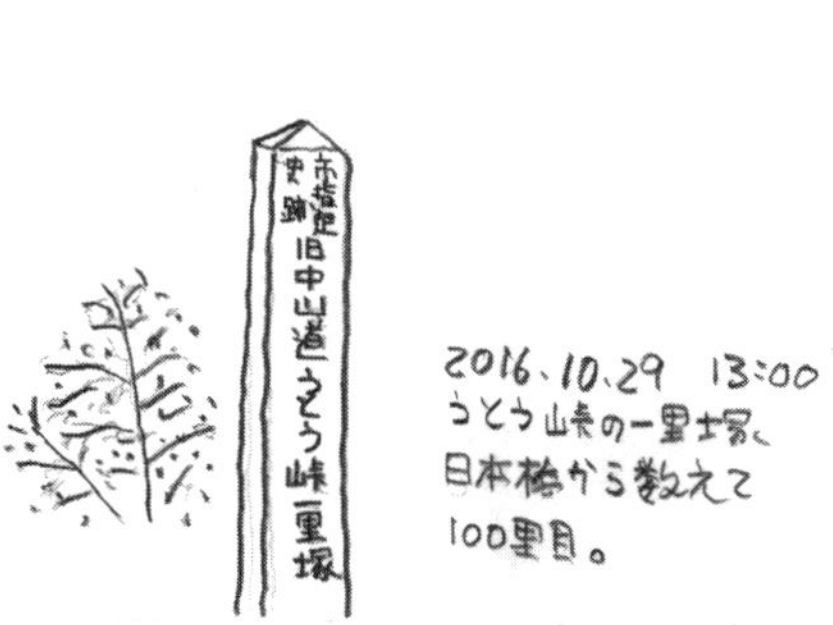

市指定史跡 旧中山道うとう峠一里塚
2016.10.29 13:00
うとう峠の一里塚。
日本橋から数えて
100里目。

【鵜沼】

▶2016年10月29日

復元された脇本陣は明るく、
きれいな建物だった。
そして菊川酒造は
黒と白のすっきりした建物だった。

2016、10、29　13:20
もうすぐ鵜沼。犬山城が見える。
天王坂より。20年前くらいに行ったことがあった。

木曽川沿いを歩いたが、途中うとう峠への分岐を見落としてしまい、車道を１㎞くらい先まで歩いていってしまった。何かおかしいと思い、引き返してきてなんとか分岐点を見つけた。私はガイドブックをたよりに歩いているが、道を間違えることはよくある。できるだけ早く気付く感覚が大切だ。そのためには５分間で何メートル歩けるかを把握する事が必要だ。間違いや失敗は終った後に振り返るといい思い出にはなるのだが、やはり避けたい。途中に「いこいの広場」の表示が立っている。その横に「マムシ注意」の立て札がある。これでは憩いにはならないと思い休憩は止めて、遅れを取り戻すべく先を急いだ。歩き続けると「うとう峠の一里塚」があり、これが日本橋から百里目である。４００㎞来たのだとつぶやいた。

遠くに犬山城を見て天王坂を下り鵜沼宿に入ると、鵜沼宿町屋館脇本陣で休憩した。パンフレットによると、脇本陣は鵜沼宿家並絵図に基づき、脇本陣坂井家を復元したもので、明るいきれいな建物だ。各務原市が中山道を大切にする気持ちを感じた。ここでは菊川酒造の黒い大きな建物が目立つ。黒と白のすっきりした建物だ。松尾芭蕉が鵜沼宿に来た時に詠んだ「ふぐ汁も喰えば喰はせよ菊の酒」から名付けたとのこと。今回の２泊３日の旅はここまでで、ＪＲ各務原駅へと向かった。

53 加納宿

加納　金華山　岐阜城

【加納】

▶2016年11月23日～24日

播隆上人の名号石を見て、
上人のスケールの大きさを知った。
そして紅葉の中、
岐阜城はきれいだった。

ＪＲ各務原駅から旅の再開だ。駅は無人駅なのだろうか。切符を受け取る人がいない。加納宿へ出発するのだが、加納とは現在の岐阜駅付近である。11月下旬の寒い中を歩きだした。加納宿までの距離は長いが、この日は岐阜市内に宿泊なのでゆっくり歩いても大丈夫だ。岐阜城のある金華山も登ったことがないので、この時期は紅葉がきれいだろうから、中山道から外れて立ち寄るのもおもしろいと考えた。

最初に神明神社に寄って馬の像を見た。きれいな形をした馬の像と思ったのだが、これと同じ形の像はこれから立ち寄る神社のあちこちで見かけた。しばらく歩くと再び同じ名の神明神社があった。ここには播隆上人の名号石があった。槍ヶ岳開山で有名な播隆上人だが、中山道を歩いているとよく播隆上人の名号石を見かける。太田宿で亡くなったことも考えると、山登りのような自分への修行だけでなく、中山道などを歩きながら広く庶民にも布教をしていたようだ。播隆上人は実にスケールの大きな人だった。新田次郎の「槍ヶ岳開山」を読み直したくなってきた。

遠く金華山の頂上に立つ岐阜城を右手に見ながら加納宿へと歩いていった。加納宿へはひたすら車道を歩くことになるが、街道筋だけに寺社は多い。全部は見きれないので、案内板だけを見て通り過ぎることもある中で、日吉神社で昼食のおにぎりを食べることにした。この日吉神社であるが、狛蛙があった。実は大きな蛙の背中に小さな蛙が乗ろうとしているのがおもしろいと思ったのだが、振り返るとそこにも蛙の像があり、一対の狛蛙だとわかった。普通は狛犬だが、浦和宿の調神社では狛兎があったことを思い出した。この狛蛙や狛兎の呼名は、私が勝手に名付けているだけである。狛犬はどの神社でも、阿吽の形式で、口を開けているのと閉じているのが一対で威嚇するような勇ましい顔をしている。それに対して、狛蛙はどこかユーモラスで微笑ましい。阿吽の形などにこだわらないで子蛙を入れるなど、自由に作っている。いや、蛙の子はオタマジャクシなので小さな蛙と言うべきだな。

2016.11.23 12:30
岐阜城は山城である。
加納へ歩いている

加納宿（岐阜駅）に着くとバスで岐阜公園にいった。ロープウェーで金華山に登り、岐阜城を近くで見た。紅葉のきれいな中、美しい城だった。しかし、城は戦いに備えるためとはいえ、このような山頂にあると日々の生活は不便だったろう。織田信長もこの岐阜城では大変だっただろうと思った。当時は信長といえども山頂まで歩いて登ったのだろうか。とても馬や籠で行けるような所ではない。

この後、宿泊場所のホテルへ向かったのだが、見つけるのに苦労した。私が住所を基に調べた地図と違う場所にあったためだが、ホテルを見つけるのに1時間くらい岐阜市内を歩き回った。公衆電話も見当たらず、携帯電話を持たない不便を味わった。そして夕食のために買ったカレーはすっかり冷え、ビールはぬるくなってしまい、何ともなさけない食事となってしまった。

54 河渡宿

河渡　長良川

【河渡】

▶2016年11月24日

長良川を渡った。
カワウがたくさん浮かんでいて、
それをダイサギが
監視しているかのようだった。

朝のテレビのニュースでは東京は雪とのこと。幸いにもこちらはそれほど寒くない。昨夜の雨はあがり、曇り空の中を歩きだす。今日は4つの宿場を通るので、スケッチの枚数が多くなりそうだ。河渡宿に入る手前で河渡橋を渡る。下を流れるのは長良川だ。長良川と言えば鵜飼いであるが、川の中に置かれている消波ブロック付近にカワウがたくさん浮かんでいる。消波ブロックにはダイサギが止まっていて、まるでカワウを監視しているかのように見下ろしている。

今まで木曽川をずうっと見ながらの旅だったが、太田宿付近で見納めだったようだ。中山道の旅は荒川、碓氷川、千曲川、木曽川といろいろな川を見ながらの旅だった。その中でも木曽川は中山道に沿って信濃路、木曽路、美濃路の多くの宿場を流れているので印象深かった。中山道を代表する川をひとつ選べと言われたら、迷わず木曽川と答える。

河渡宿は古い建物もなく、街道筋の雰囲気はあまり感じられない。長良川を渡った先の馬頭観音堂の近くに大きな灯籠があった。中山道を盛り上げようという気合が感じられる。その横にミカンがなっている。ミカンのオレンジ色と土手の草の緑色、それに加えて空の青色がよく調和された景色だった。ここから見る土手の向こうは「河渡の渡し」があった場所である。天気がよくなってきた。秋空の下で今日はいい旅となりそうだ。

55 美江寺宿

美江寺　美江神社

【美江寺】

▶2016年11月24日

美江神社では、モミジの赤と松の緑の対比が美しかった。

美江寺宿に入る手前に五六川があり、そこに架かる橋は五六橋という。江戸から56番目の宿場から名付けたらしい。しかし、美江寺は55番目の宿場なので、江戸日本橋を1番目として数えたとのこと。美江神社のモミジが赤く染った鮮やかさはよく覚えている。すぐ近くには松があるので、モミジの赤と松の緑の対比が美しかった。寒い中、ここで昼食とした。高札場があったので、それを見ながらおにぎりを食べた。そして賽銭を入れてこれからの旅の安全を祈った。それにもかかわらず、この直後にちょっとした不運に見舞われた。神社を出てすぐに鳥のフンが落ちてきて、服についてしまった。電線の上に小鳥がいたようだ。このような時は、「運」が付いたと思うしかしょうがない。帽子をかぶっていてよかった。

何か釈然としないまま、近くの千手観音堂で再度旅の安全を祈願し、次の赤坂宿に向かった。赤坂宿へいくには揖斐川にかかる鷺田橋を渡るのだが、揖斐川の土手道が田んぼの向こうに平行して見える状態で歩き続けた。しばらくして90度方向を間違えている事に気がついた。田んぼの畦道を通るわけにもいかず、間違えた地点まで戻り、時間のロスを取り戻すべく鷺田橋を目差して急いで歩いた。鳥のフンに見舞われてから、方向感覚が狂ったようだ。

56 赤坂宿

赤坂　五七処

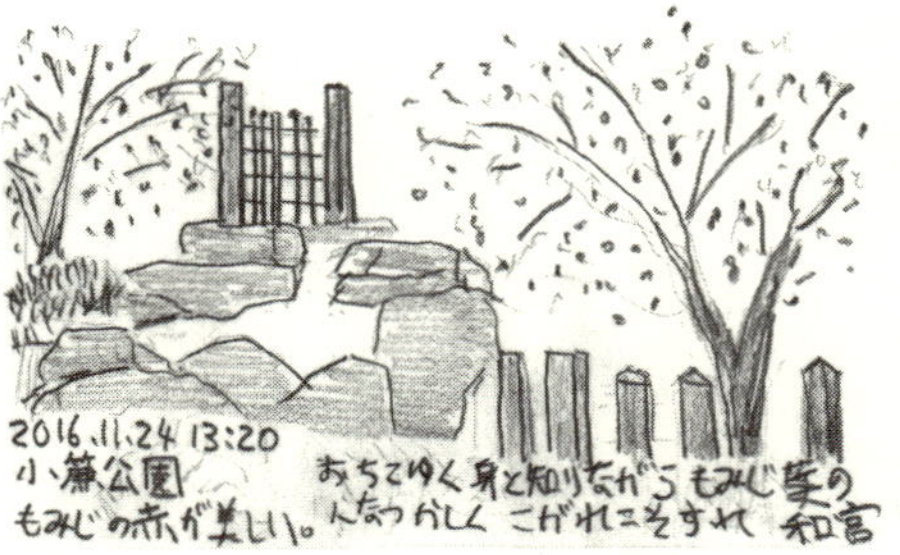

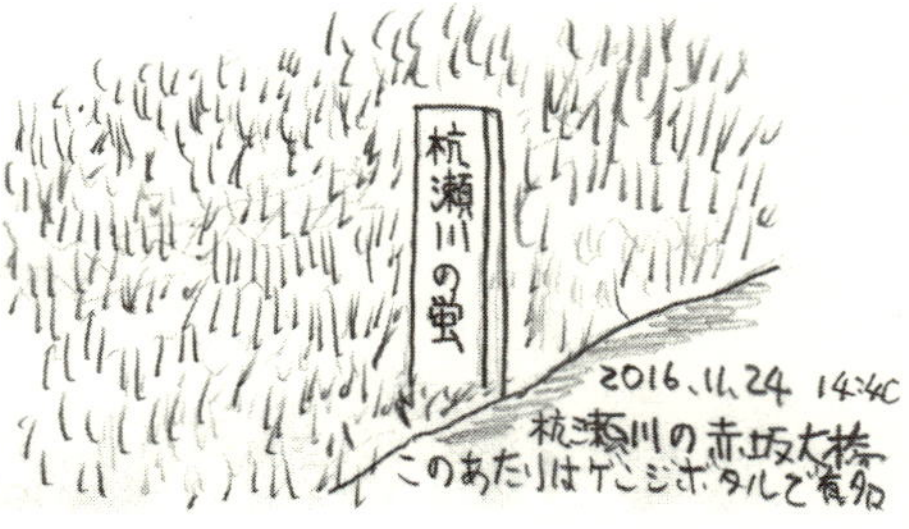

【赤坂】

▶2016年11月24日

赤坂宿は古い民家やモダンな建物がある雰囲気のいい街だった。

紅葉の盛りの時期を歩くのは気持ちよかった。小簾紅園ではモミジがきれいだった。ここに和宮の歌碑があり「おちてゆく身と知りながらもみじ葉の人なつかしくこがれこそすれ」とある。モミジの紅葉が鮮やかなこともあり、和宮もこの景色を詠んだのだろう。実際、和宮は秋にここを通ったようだ。

ゲンジボタルの生息地である杭瀬川にかかる赤坂大橋を渡り、赤坂宿に入った。赤坂宿はいい雰囲気の街で古い民家や本陣跡の公園、モダンな赤坂港会館などがある。国の文化財である矢橋家住宅などを描きたいのだが、建物の大きさに対して全面の道路幅が狭いなどして描けない。そんな中、「五七」という看板を掲げた建物がある。江戸日本橋を1番目として、57番目赤坂宿の意味だろう。建物の妻面には徳川家康が描かれているが、赤坂宿と何か関係があるのだろうか。「岐阜新聞・毎日新聞」の看板も掲げられているが、こちらも年季が入っている感じだ。この建物の前が妙法寺で、通りからすこし引っ込んだ所からゆっくり見ることができた。五七処のスケッチをしたのだが、このくらいの大きさの建物が一番描きやすい。隣のお嫁入り普請探訪館には時間がないので入れないのが残念だった。赤坂宿はもう少し時間に余裕を持って見たい所だった。後1時間くらいしたら日が沈むので、急がなければと思いながら次の垂井宿に向け赤坂宿を後にした。中山道徒歩の旅にあせりは似合わないのだが。美江寺宿から来る途中、鷺田橋付近で道を間違えたのが響いている。

57 垂井宿

垂井　つるや旅館

2016、11、24　16：15
垂井に向っている。陽が山に沈むところ。
急がなくてはいけない。まもなく暗くなる。

2016、11、24
16：50
垂井宿
今日の宿は
つるや
旅館』

【垂井】

▶2016年11月24日～25日

山に沈む太陽を正面に見ながら、
眩しい中を垂井宿に向かって歩いた。

赤坂宿を出発したのは3時40分頃だった。日が暮れるとまずいので急いで今日の宿泊地である垂井宿に向かった。当然、西に向かっているのだが、正面の山に太陽が沈んでいくのを見ながら歩いた。日の入りの瞬間が楽しみだ。太陽を正面にして眩しいのだが、太陽の沈む付近の木々の形も鮮明になり見とれてしまった。太陽はグングン落ちていった。秋のつるべ落としを実感したひとときだった。

垂井宿での宿泊は「つるや旅館」である。宿に入る前に建物を見ていたら、近所の人に声をかけられた。私が中に入るのを躊躇していると勘違いしたらしい。その人は旅館の女将さんと知り合いのようで、玄関を開けて旅館の方に声をかけたので、スケッチを止めて中に入った。

風呂に入ろうと1階に降りていくと、裏玄関のところに犬がいる。人なつこいのでしばらくなでて遊んでから風呂に入った。名前を「トモ」という。夕食をしていると、この犬がガラス戸越しに顔をのぞかせた。客は私ひとりなので、こちらも犬の関心を引こうと、いろいろなジェスチャーをしながら夕食をした。

翌日は6時に起床した。昨夜は3時頃に目覚めたので、スケッチの修正をしてから寝直したのだが、寒くてよく眠れなかった。朝のテレビのニュースによると、ここ関ケ原付近の気温は1・6℃とのことだ。

8時頃に「つるや旅館」を出発した。「トモ」にもお別れの挨拶をした。この旅館は小さいが家族的でくつろげる宿だった。やはり中山道の旅には日本旅館が似合う。旅館は2食付きがほとんどなので、宿に着いてから夕食を食べに出かける必要もないので楽だ。それにホテルの小さなユニットバスと違って、共同だが大きな風呂なのでくつろげる。私の場合、旅の途中で手帳に簡単にスケッチをして、宿に着いてから仕上げたり、その日の感想を書いたりするので、チェックインした後もけっこう忙しい。それらを終えて、大きな

垂井　旧旅籠長浜屋

風呂に入り、ビールを飲み夕食をしながら今日の一日を振り返る時は、生きていてよかったと思う幸せを感じる時間だ。そして日本旅館が何よりもいいと思うのが、昔の旅人の気分に多少なりともなれることだろう。床の間付の畳の部屋や木でできた廊下、ふすまや障子、ふとんなど昔の旅籠にあったものが日本旅館には引き継がれている。そう考えると酒はビールではなく日本酒にすべきかもしれない。

そのようなとりとめのない事を考えながら歩いていくと、旧旅籠長浜屋という古い建物がある。休憩所らしいのだが、時間が早くてまだ開いていない。

垂井宿は関ケ原宿の隣の宿場だけにしばらく歩くと関ケ原の戦いの跡が見えてくる。垂井の一里塚は浅野幸長が陣をはった場所だ。一里塚の上で浅野幸長は腰をおろしていたのだろうと想像した。これからいく関ケ原宿に向かって、自分も東軍の大将になって進軍していく気分で歩き出した。30分ほど歩くと松並木が見えてくる。このあたりは山内一豊が布陣した所だ。空気は冷たいのだが日が差しているので心地よかった。張りつめた空気の中、虫寄せが巻かれた松並木はきれいだった。

57 垂井宿

58 関ケ原宿

関ケ原　西首塚

【関ケ原】

▶2016年11月25日～26日

西首塚では、東西両軍の旗を見て、関ケ原の戦いに想いをはせた。

関ケ原と言えば徳川家康と石田三成が激突した戦いとなるが、さらに約1000年前の壬申の乱の戦いも有名である。家康が最初に陣をはった桃配山だが、壬申の乱では大海人皇子が兵士に山桃を配って激励したことが名前の由来である。大海人皇子にあやかって家康が縁起をかついだのだろうか。何にしても関ケ原は戦略上、昔から重要な所だった。その桃配山を左手に見ながら歩いていくと関ケ原駅に出る。関ケ原の合戦の主戦場は中山道からは東海道本線を越えた反対側になる。今日の宿泊地はここ関ケ原なのだが、目的地は醒井宿を予定しているので、決戦地などは明朝に見ることにして先を進んだ。西首塚では両軍の旗を見ながら休憩した。合戦後に数千人の首級を葬ったところだ。それぞれの旗印には意味があるのだろうが、石田三成の「大一・大万・大吉」が全て漢字で構成されていて目立っている。約400年後の今、このような場所に立つと大谷吉継の行動にすがすがしさというか、いさぎよい美学を感じる。

西首塚を後にして春日神社の月見宮大杉に寄った。ここは福島正則が陣をはったところで、この大杉は樹齢800年とのこと。関ケ原の戦いでは福島隊を見下ろしていたのだろう。そして不破関跡に向かい、不破関資料館を見学した。不破関は東海道の鈴鹿関、北陸道の越前愛発関とともに古代律令制下の三関のひとつである。この頃から雨が降り出した。資料館の横で雨を避けながら昼食をとった。

この日は醒井宿まで行く予定だったが、雨が降ってきたので柏原宿までで止めて、柏原駅から東海道本線で関ケ原駅まで戻り枡屋旅館に宿泊した。

この桝屋旅館は永長元年創業とのことでぜひ泊まりたかった。古いながらもきれいな旅館だった。私の泊まった部屋は10畳の部屋で障子の桟が複雑に配置されていた。夕食はこの部屋で食べたのだが、ビールを飲

関ヶ原　桝屋旅館

みながらも桟の描く模様というかリズム感がおもしろく、しばらく見入っていた。中山道を歩いていると本陣などでこのような桟の障子を見かける。今日の宿泊者は私ひとりのようなので、大名にでもなった気分で気持ちよく就寝した。しかし明け方に寒くて目覚めた。

翌日は8時頃にこの旅館を出て、建物の外観をスケッ

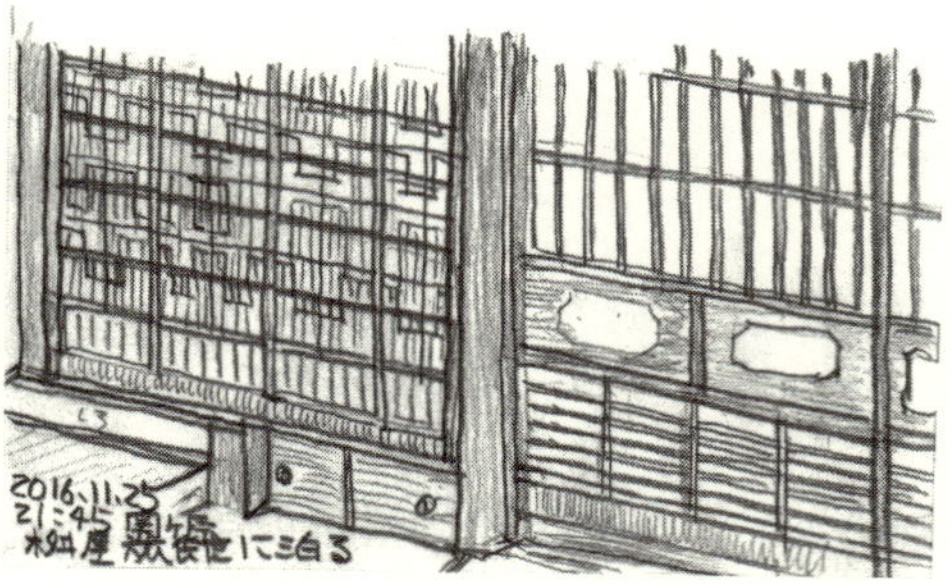

チした。この建物の前面道路は非常に交通量が多く、大型車が頻繁に通るので描くのに苦労した。

東海道本線の反対側の関ケ原の戦いの地を見に行った。一番の目的は関ケ原町歴史民俗資料館で大型ジオラマを見て戦いの流れを知るためだが、開館が9時からで20分くらい待たなければならない。昨日は柏原宿までしか行けなかったこともあり、この付近を1時間くらい歩いただけで関ケ原駅に戻り、電車で柏原駅へ向かった。残念な気もしたが、この資料館見学と関ケ原の戦いの地を巡ると一日掛かりだ。

59 今須宿

今須　柿とイチョウ

2016、11、25 12:20 小雨
雨の中今須峠に着いた。

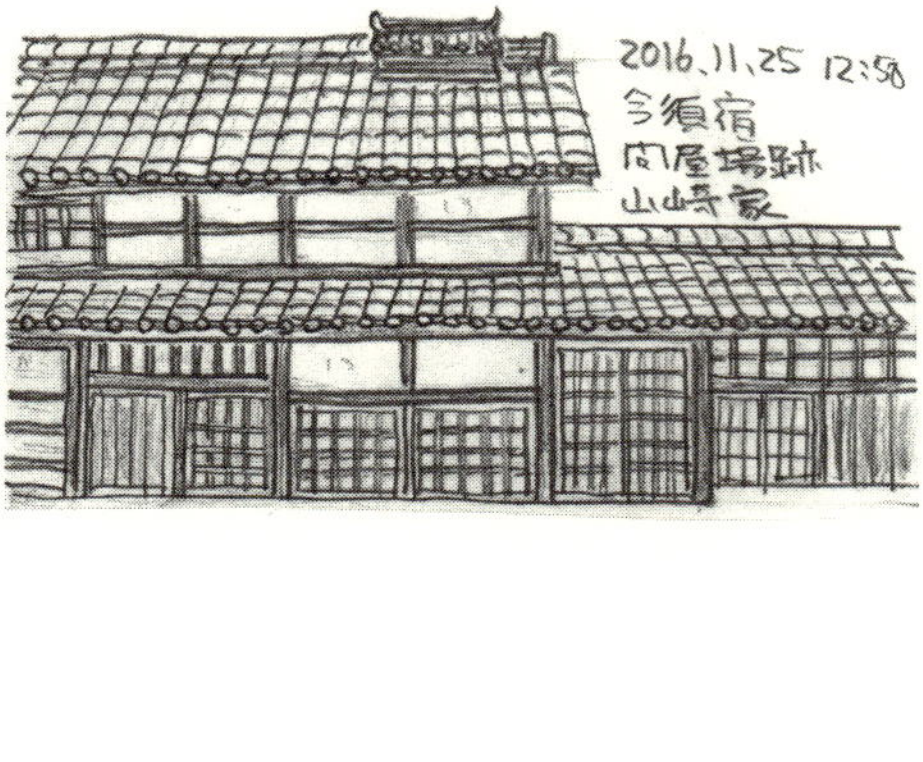
2016、11、25 12:58
今須宿
問屋場跡
山崎家

【今須】

▶2016年11月25日

雨で霧がかった山々をバックに、
色づいたイチョウと柿はきれいだった。

美濃国
近江国
近江美濃両国境寝物語
滋賀
岐阜県
2016.11.25
13:20
近江の国に
入った。
小雨、寒り。

雨の中、今須峠を越えて今須宿に入った。今須宿は美濃国16宿の内、16番目の宿場である。中山道は日本橋から京都三条大橋まで約532㎞だが、この内4分の1相当の128㎞が美濃国である。今須宿にはあまり古い建物は残っておらず、昔の街道の雰囲気は感じられないのだが、静かな山間の街だった。晩秋なのでイチョウの葉は黄色に染まっており、柿の木には実がたくさんついていた。雨で霧がかった山々をバックに黄色と柿色、木々の茶色の組み合わせはきれいだった。

そんな中、今須宿で目立つ建物は問屋場だった「山崎家」である。問屋場とは人や馬の継立など様々な事務を行う所で、美濃16宿の中で、当時のまま現存しているのはここだけという貴重な建物だ。雨の降る中、傘をさしながらこの建物をスケッチした。手帳にも雨がかかり、鉛筆がのらなくて苦労した。静かで私の気に入った今須宿だった。

そして美濃国から近江国に入るべく次の柏原宿に歩きだした。この国境には寝物語の里碑がある。この国境の両側に旅籠があり寝ながら話ができたことから名付けられた。ここからは近江国の滋賀県だ。

60 柏原宿

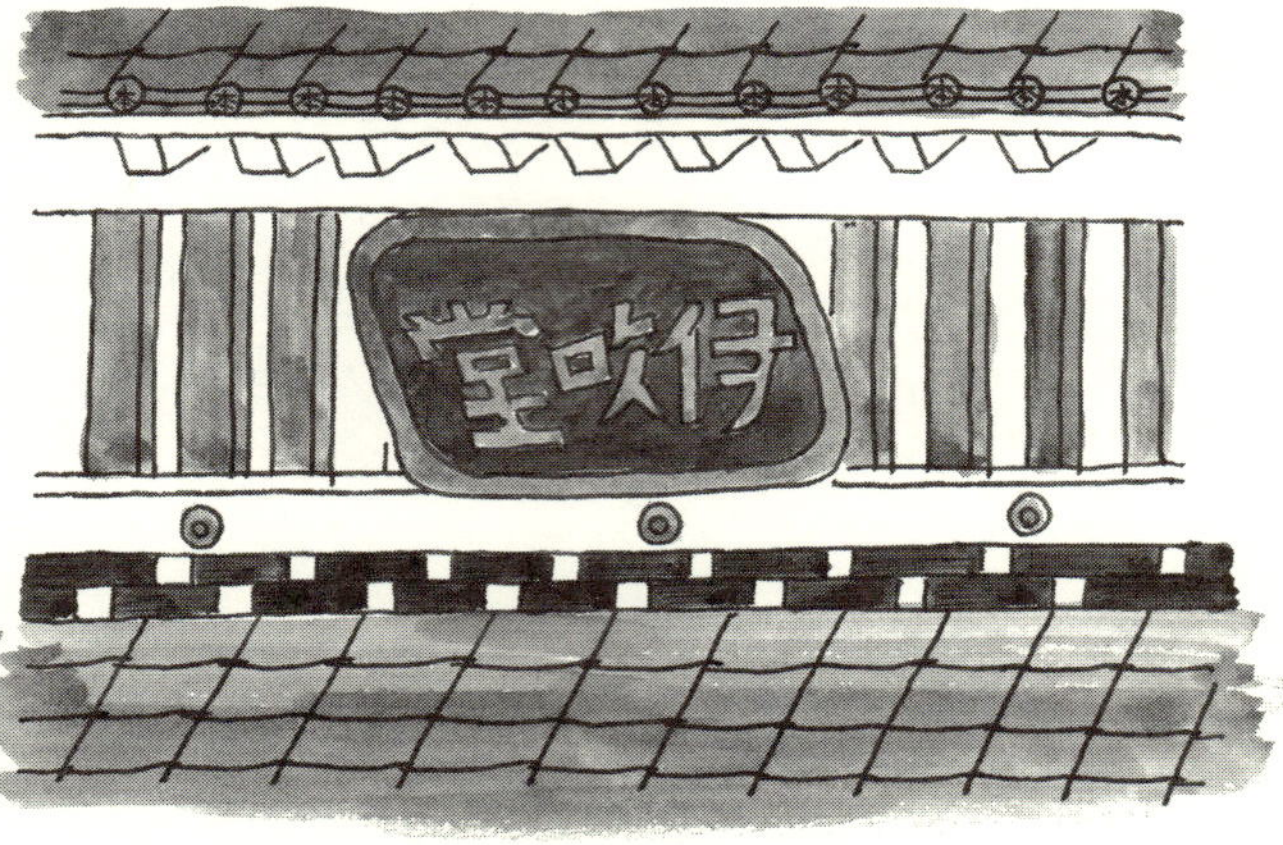

柏原　伊吹堂

【柏原】

▶2016年11月25日〜26日

柏原宿では
中山道の歴史を残そうとする
地元の熱意を感じた。

紅葉がきれいな中、柏原宿へ歩いた。カエデが多いので赤色が印象に残っている。さらに松の緑や幹に巻かれた虫寄せの黄色も加わり美しい景色だった。私はいい季節を歩いている。

柏原宿は中山道の街並みがよく保存されている。この日は次の醒井宿まで行く予定だったが、変更して柏原宿をゆっくり見学することにした。雨が降っていることもあるが、柏原宿の建物群を見ていると、もう少し留まりたくなった。その中でも特に目立つのが伊吹堂だ。伊吹堂の看板を掲げた伊吹堂亀屋左京商店は伊吹もぐさを扱っている時代の入った建物だ。柏原歴史館では浮世絵の中山道や江戸時代の展示品を見学したが、建物自体の内部空間やレトロなガラス窓、外観もすごかった。昔のガラス板の入った窓から見える景色は少しゆがんでいて、アナログ的な感じがする。私みたいだなと思いながら、雨の降っている外を眺めていた。展示品の中では福助人形が気に入った。着物がきれいでかわいらしい。柏原宿の建物には

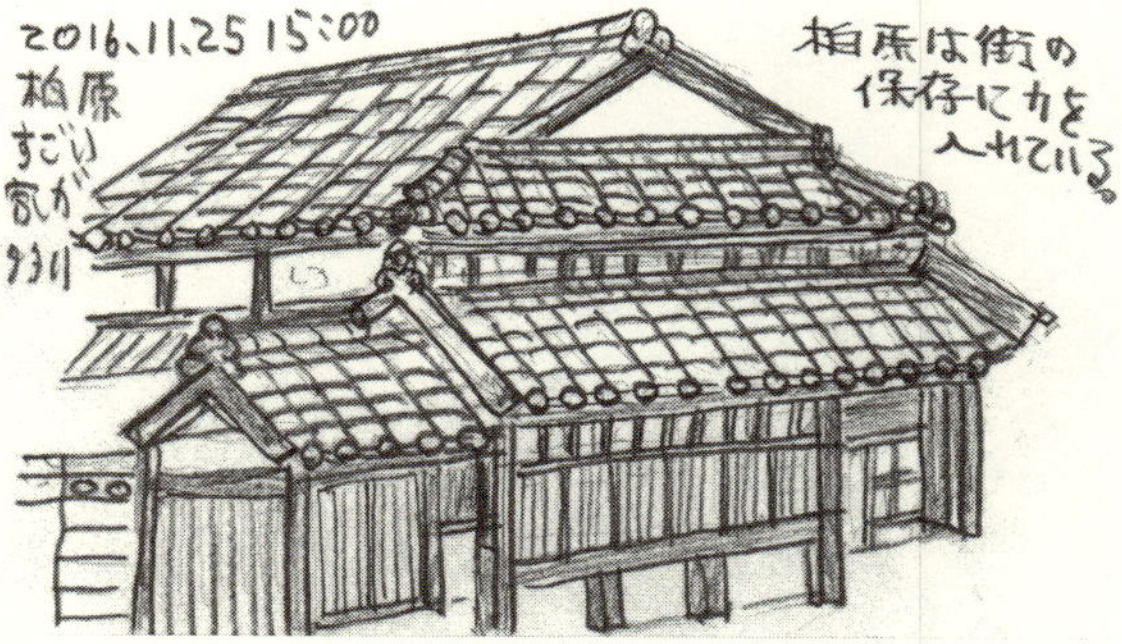

当時の屋号が掲げられ、街の歴史を残そうという地元の熱意が感じられた。

翌日は関ケ原駅から東海道本線で柏原駅まできて旅を再開した。再び伊吹堂の前に立つ。赤色に縁取りされた看板に別れを告げて歩きだした。

61 醒井宿

醒井　延命地蔵堂

【醒井】

▶2016年11月26日
2017年3月8日

醒井宿はきれいな水が流れる透明感を感じさせる所だった。

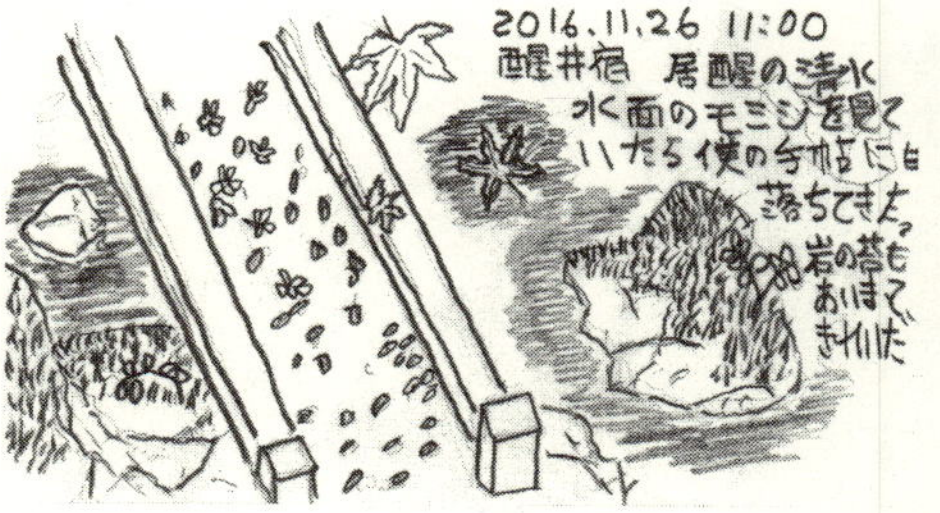

醒井　ヤマキ醤油店

この日は晴れで、青空をバックにした柿がたわわに実った風景を楽しみながら醒井宿に向け歩いた。

醒井宿に入ると水路が目に付く。ここを流れる水は非常にきれいで流れが速い。この流れの中に梅花藻が繁茂している。それが緑色に揺らぐのがまた美しい。ここにはハリヨという淡水魚が生息している。日本ではこのあたりと岐阜県の一部だけに生息する貴重な魚で絶滅危惧種である。水草が茂る浅瀬で水温10～18℃の低温を好み、水温が20℃を超える場所では生息できない。流れの中を凝視したが、見つけることはできなかった。寺社も多く、どこも晩秋のこの時期、境内はイチョウの黄色やモミジの赤色に彩られている。「居醒の清水」では水面に浮かぶモミジがきれいなのでスケッチしていたら、手帳にモミジの葉が落ちてきた。延命地蔵堂では石塔についた苔に覆いかぶさるようにモミジの枝がはり出している。色彩の対比の美しさに足を思わず止めた。寒い時期のせいもあるが、醒井宿

醒井　壬申の乱　横河の古戦場跡

は透明感を感じさせる街である。晩秋の醒井宿の美しさは印象に残り、もう一度ここを訪れたくなったので、最後にヤマキ醤油店を描いて今回の旅はここで終わりとした。

旅の再開は翌年の3月上旬で、新幹線の車窓から見た関ケ原付近は雪がかなり降っていた。雪の中を歩くことを覚悟したが、醒井駅に着くと積雪はほとんどなかった。醒井の水路には、昨秋と同様にきれいな水が流れていた。小雪がちらつく中、横河の古戦場に立つ。ここは壬申の乱で大海人皇子と大友皇子の本隊が戦い、大友皇子が破れた所だ。周囲の山々にはまだ雪が残っている。寒々とした景色を後に次の番場宿に向けて出発した。

62 番場宿

番場　蓮華寺

【番場】

▶2017年3月8日

小摺針峠への登りの途中で見た
伊吹山はいい姿をしていた。

番場　伊吹山

3月上旬に醒井宿から再開した今回の旅は京都三条大橋までを予定している。中山道の旅は最終回となった。醒井宿から小雪の降る寒い中を歩いてきたが、梅が咲いているのを見て心が暖まる。枝には小鳥のイカルが止まっていて、私をはげましてくれているようだ。

番場宿に入ると街道を少し外れるが蓮華寺に寄った。パンフレットによると、この寺は聖徳太子が創建し法隆寺と称したとある。敷地に咲く「叡願の紅梅」はまだつぼみだ。ここは足利尊氏に追われた六波羅探題北条仲時が包囲されて四百三十余名が自刃した南北朝時代の古戦場だ。そして長谷川伸の戯曲「瞼の母」で有名な忠太郎の地蔵が本堂の裏手にあった。

蓮華寺を出て小摺針峠への途中で後ろを振り返ると、まだ雪の残る大きな山がある。伊吹山だ。雪が降っているので上の方が少しぼんやりしているが、形のよい山容がよく見える。中山道の旅で大きな山を見るのはこれが最後だろう。

中山道の旅は山を見る旅でもあった。桶川宿では富士山と男体山が見えた。熊谷宿へ向かう途中の荒川沿いでは両神山が見え、松井田宿では妙義山のごつごつした山容も印象に残っている。さらに歩き続けると浅間山がどんどん大きくなってきて、軽井沢宿を出て沓掛宿へ向かう途中の迫力ある山容をよく覚えている。そこを過ぎると御代田付近からは北アルプスの槍穂連峰が見えだした。塩名田宿に向かっている途中では、田んぼ道の中で右に浅間山、正面に北アルプス、左に八ヶ岳連峰の大パノラマを満喫した。そして和田峠からの御嶽山も忘れられない。木曽路に入るとこの御嶽山と中央アルプスの木曽駒ケ岳が常に見えていた。それから、馬籠宿から見た恵那山の大きく形のよい姿もよかった。そしてこの伊吹山である。これらの山々が私の前や横に見えだし、やがて後ろに遠ざかっていった。そして幸運にも、これらの山々は全て好天の中で見ることができた。

そんなことを思いながら、小摺針峠を越えて彦根市に入り少し下ると望湖堂跡がある。ここからは琵琶湖が望め、広重は中山道図で望湖堂と琵琶湖を描いている。ここは少し高台になっていて、肉眼でも琵琶湖を確認できた。皇女和宮もここからの絶景を楽しんだとのことだ。

63 鳥居本宿

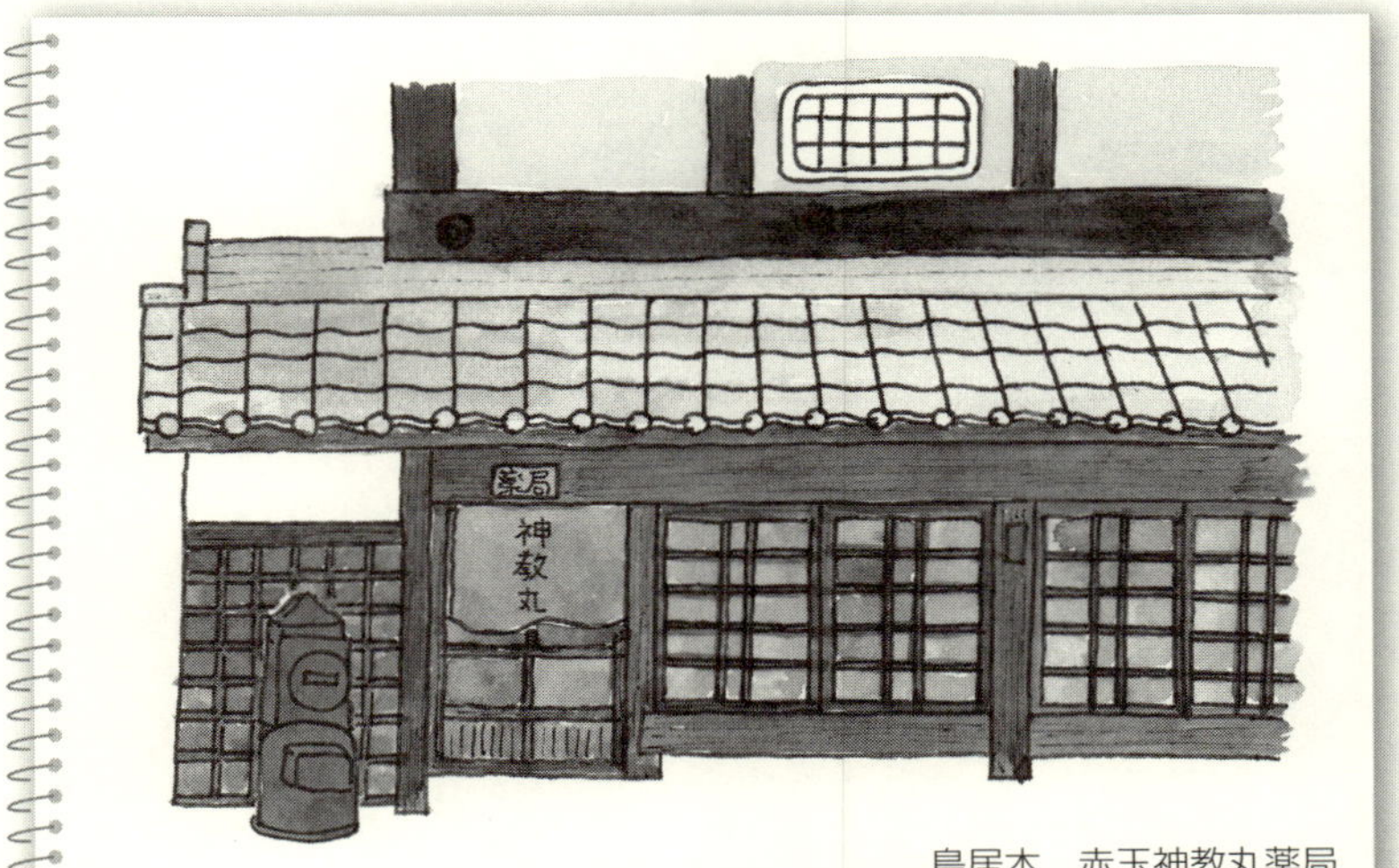

鳥居本　赤玉神教丸薬局

【鳥居本】

▶2017年3月8日

鳥居本は古い建物や看板があり、
見ていておもしろかった。
特に合羽の看板はユニークだ。

鳥居本宿には古い建物がたくさんある。土壁の素地の黄色がそのまま使われている家や萱葺き屋根の家があったりしておもしろい。道の曲がり角に「赤玉神教丸薬局」があった。古い建物で暖簾に神教丸と書かれており、その上には薬局の札を掲げている。この薬は食あたりや腹痛の妙薬で300年以上の歴史を誇っており、現在も販売されている。建物の前にある郵便ポストも昔からある伝統の鋳鉄製の丸形だ。

この鳥居本宿は合羽で有名だった。そのため合羽の看板がまだ通りには残されている。昔の合羽は楮《こうぞ》で作った和紙に柿渋を塗り込めて防水性を高めたもので、紅殻を入れたので赤い色をしていたらしい。雨の日に建物の前を通る赤い合羽を着た旅人を想像した。そして、雨具はビニルの出現と共に置き換えられ、合羽も作られなくなった。合羽の形をしたユニークな看板がいくつか掲げられていた。このような一目でそれとわかる看板は実にいい。

鳥居本宿は昔の面影が残る街だった。見所が多かったので、鳥居本宿には長居をしてしまった。私の旅は午前中にあちこち見て時間を使ってしまい、午後になると駆け足状態になることが多い。気を付けなければいけない。

64 高宮宿

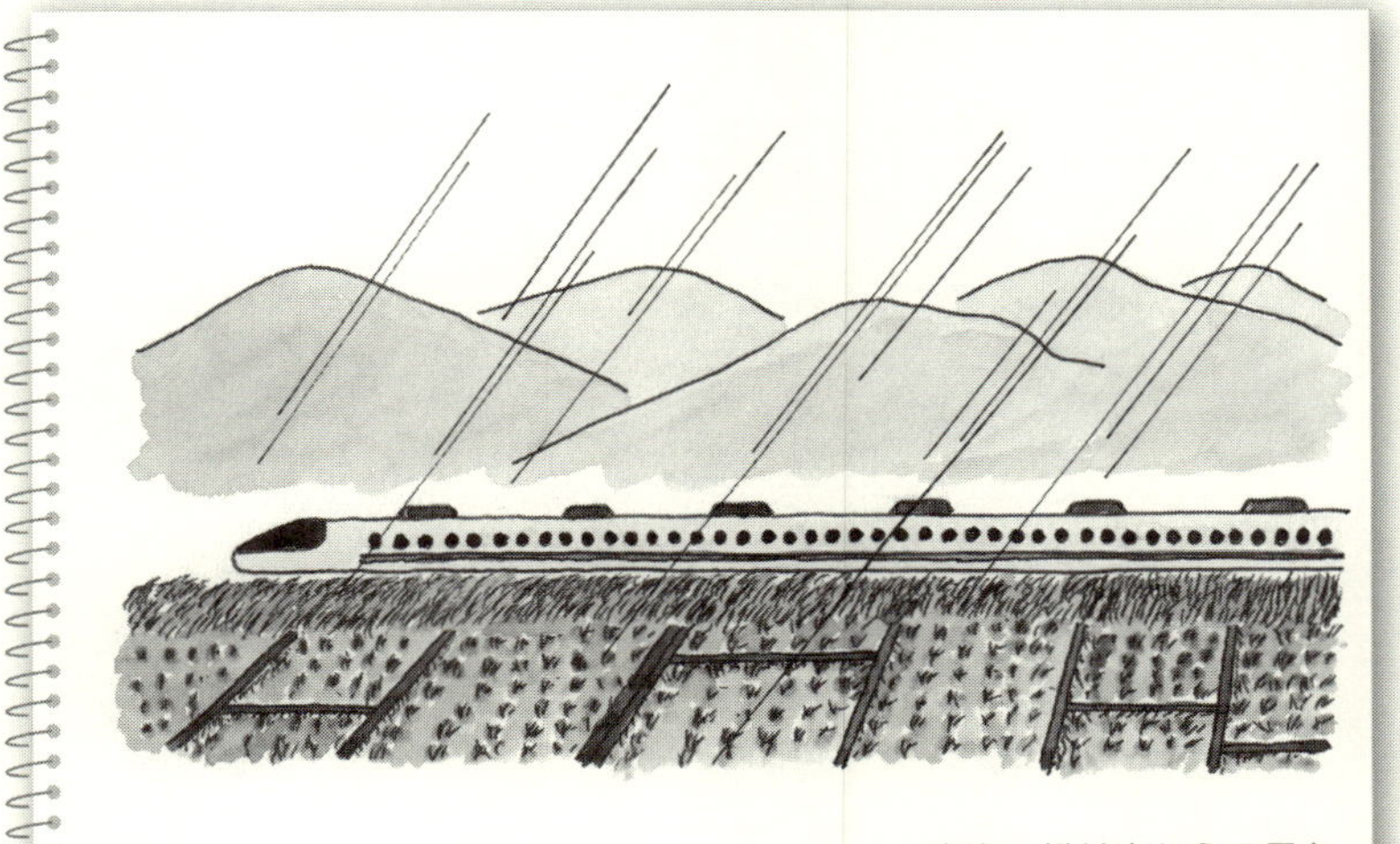

高宮　松並木からの景色

【高宮】

▶2017年3月8日

多賀大社の大鳥居は大きかった。

高宮宿に着いたのは15時だった。今日の宿泊地の愛知川宿まではまだ８㎞ある。そのため高宮宿はゆっくり見ることができなかった。

ここで目に付くのは多賀大社の大鳥居である。高宮宿は多賀大社の門前町として栄えた。多賀大社のホームページによると、伊邪那岐大神《いざなぎのおおかみ》と伊邪那美大神《いざなみのおおかみ》を祭っており、日本最古の書物「古事記」では、この二柱の大神は神代の昔に、初めて夫婦の道を始められ、日本の国土、続いて天照大御神をはじめとする八百万《やおよろず》の神々をお産みになられたとのことだ。これらの事は旅を終えた後に知った。多賀大社は大鳥居から徒歩で40分くらいの所にあるのだが、事前に知っていればぜひ寄ってみたかった。大鳥居だけがあって本殿がないのを不思議に思っただけで通り過ぎてしまったのは不覚だった。いつかいってみたい。それにしても鳥居から本殿まですごい距離があるのだな。

高宮宿を出ると雨が降りだした。廻りが田んぼの道を遠くに走る新幹線を見ながら、この日の宿泊地である愛知川宿に急いだ。

65 愛知川宿

愛知川　街灯

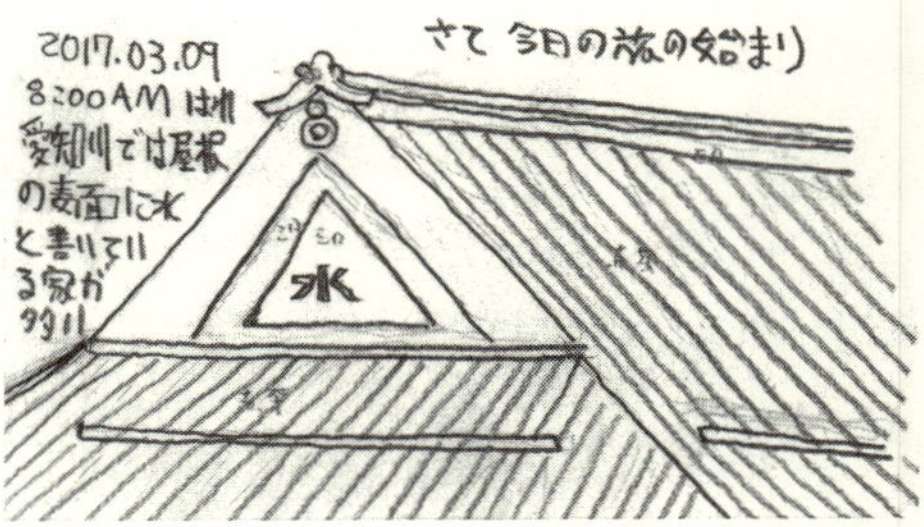

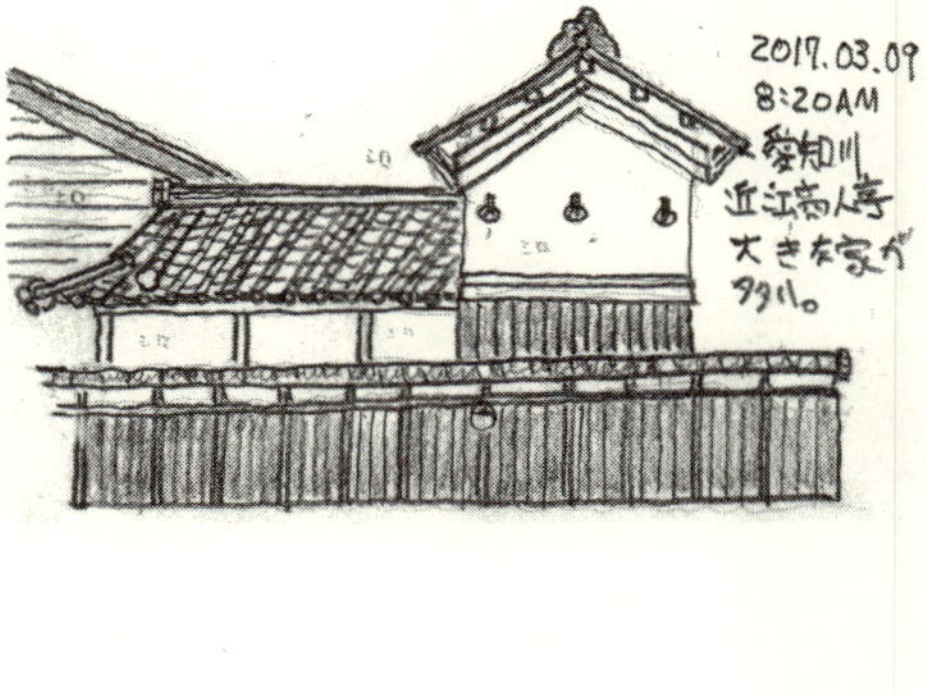

【愛知川】

▶2017年3月8日～9日

愛知川宿の街灯はユニークだった。
見ていて心が浮かれてきた。

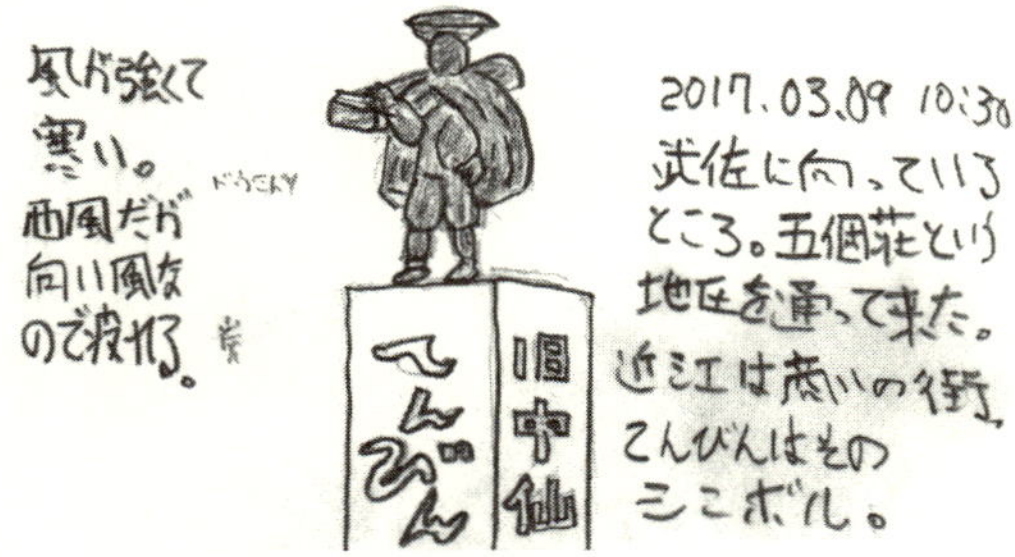
風が強くて
寒い。
西風だが
向い風なので疲れる。
2017、03、09 10:30
武佐に向っている
ところ。五個荘という
地区を通って来た。
近江は商いの街。
てんびんはその
シンボル。
てんびん
旧中仙

高宮宿を出てからは雨の中を急いで歩いたので、愛知川宿には夕方の5時頃に着いた。この日の宿泊はファミリーロッジ旅籠屋彦根店で、近くに弁当店と酒屋があったので弁当とビールを買って宿に入った。歩き疲れたのでビールは4缶も買ってしまい、後で後悔することになる。

翌日は7時40分に宿を出発した。愛知川宿は古くて大きい建物が多く残っていて街道筋の趣がある街だった。昔は萱葺きだったと思われる入母屋屋根に水と書かれた家がたくさんある。また、中山道を盛り上げようとする地元の熱意が感じられる。特に街灯はユニークだった。愛知川宿と書かれた灯りの上には道を歩く武士や親子連れ、牛や飛脚などが歩いていて、見ていて心が浮かれてくる。愛知川宿は楽しい街だった。

この日は西風が強くて寒かった。向かい風の中、五個荘という地区の古い建物や大正時代に建てられた旧郵便局のモダンな建物を見て、さらに歩いて行くと中山道の大きな標識がある。そこには近江商人の像があり、「てんびん」と書かれている。この頃になると昨夜飲み切れなかったザックの中にある缶ビールが重く感じられだした。

66 武佐宿

武佐　民家

【武佐】

▶2017年3月9日

武佐宿の家は漆喰の白壁に露出した梁や柱が赤色に塗られていた。

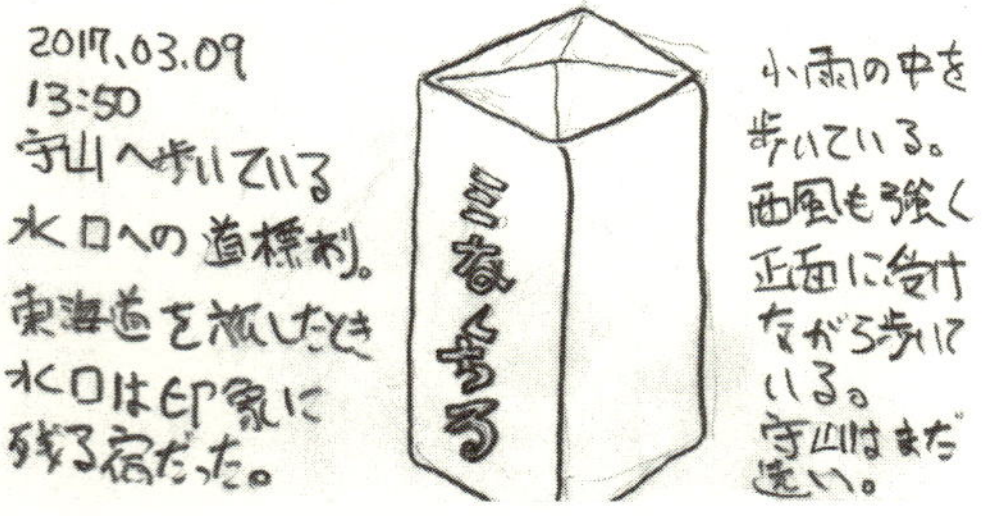

興石神社に寄り格調高い本殿を見て、武佐宿が近づくにつれて民家が気になりだした。中山道を歩いていると、古い民家によく出会う。それらは漆喰壁に柱や梁が露出している真壁造りである。漆喰の壁は白色が多いが、中津川あたりでは黒色の家がほとんどだった。梁や柱は茶色が多い。木は日に当たり続けるので、自然に茶色が濃くなっていく。そんな中、高宮宿あたりから気になっていたのだが、柱や梁に赤色を塗っている家が多くなった。

ここからは私の勝手な想像である。彦根藩は井伊家が治めていた。そして有名な「井伊の赤備え」で、井伊家は甲冑などの武具を赤色にすることを基本としていた。それは足軽に至るまで統一されていて幕末まで続いた。そのため一般の人たちも家の一部に赤を取り入れたのではないだろうかと想像した。武佐は古くて大きな民家が目白押しで、白壁に赤い柱と梁が徹底されている。ここでは柱や梁に黒や茶色を用いた家はほとんどない。「赤備え」が地元の人々の美意識に浸透したのかなどと思った。

次の守山宿までは約16㎞と長い。向かい風を受けながらの旅はきびしそうだなと思いながら武佐宿を後にした。水口への道標に来た頃は雨も降りだし、つらい旅となった。

67 守山宿

守山　大宝神社

【守山】

▶2017年3月9日～10日

東門院の提灯は赤くて大きかった。
そして貫禄があった。

武佐宿から守山宿への道は長かった。守山宿に着いたのは4時半近くで、この日の宿泊はさらに2㎞程先の栗東である。そのため守山宿はゆっくり見学できなかった。また、終始西風を正面に受けて歩いてきたので少々疲れた。

この守山には比叡山延暦寺の鬼門にあたる東方を守るために東門院が建立された。その正式名称は「比叡山東門院守山寺」といい、それでこのあたりの地名は守山となったとのこと。門には浅草の雷門を思わせる大きな赤い提灯がぶら下がっている。その向かいには中山道文化交流館があるのだが、時間が遅いので入らなかった。交流館はいかにも街道筋の建物らしい趣がある。このような資料館は必ず入って地域を知ることを心がけているのだが、疲れのため気持ちを集中して展示物を見ることはできないだろうと思い外観を見るだけにした。それでも外からスケッチをするところが私のしぶといところだが。守山宿に来るまでには大きく、立派な屋根の建物をたくさん見かけた。もう少しゆっくり守山宿を味わいたかった。間もなく暗くなるので、急いで栗東へと向かった。

翌日、宿の近くにある大宝神社に参拝した。朝の冷たい空気の中で気持ちが引き締まる。中山道の旅も無事にここまで来たことに感謝して次の草津宿に向かった。

68 草津宿

草津　街道交流館　東海道・中山道宿場パズル

【草津】

▶2017年3月10日

再び東海道と中山道の
追分道標に戻ってきた。

草津宿では最初に東海道と中山道との追分にある道標を取り上げねばならない。以前、東海道を歩いた時にここに着いたのは2年半前の秋の夕方だった。土砂降りの雨の中を草津宿に入ったのだが、道を間違えて1時間くらい草津宿をさ迷った。そして雨が止んだ頃にこの道標に着いた。その時にこの道標を見て、ここまで来たかという気持ちと、この次は左側の中山道を歩こうと決めた。その場で決心するくらい東海道の旅は楽しかった。そして今、２０１７年3月の朝に再びこの場に立った。中山道の旅は東海道以上にすばらしかった。

草津宿では街道交流館に寄った。ここで取り上げている「東海道・中山道宿場パズル」だが、普通の人が見たらどうってことのない漫画だろう。ただ私にとっては、東海道と中山道の両方を歩き、その交差点である草津宿を実感できる絵でしばらく見入っていた。宿場の名前や絵に描かれた山々の横を通ったこと、琵琶湖沿いにずうっと歩いてきたことなどを思い出しながら。

この草津宿には江戸時代からの本陣が現存している。本陣は前に東海道を旅した時に見学したので中には入らなかったが、この他にも草津宿には古くて大きな建物がたくさん残っている。歩いていくと看板に「道灌」と書かれた建物がある。太田酒造店で黒色のかっこいい建物だ。ここの先祖は太田道灌とのことだ。

この日は空模様が不安定な中を歩いた。瀬田の唐橋まで来て、それを見ながら昼食のおにぎりを食べていると、雨風が強くなってきたので橋の下に移動して雨宿りをした。しかし雨は止みそうになく、風が強くて寒くなってきたので中山道最後69番目の宿場である大津宿に向けて歩き出した。瀬田の唐橋からは琵琶湖がぼんやりと見えていた。

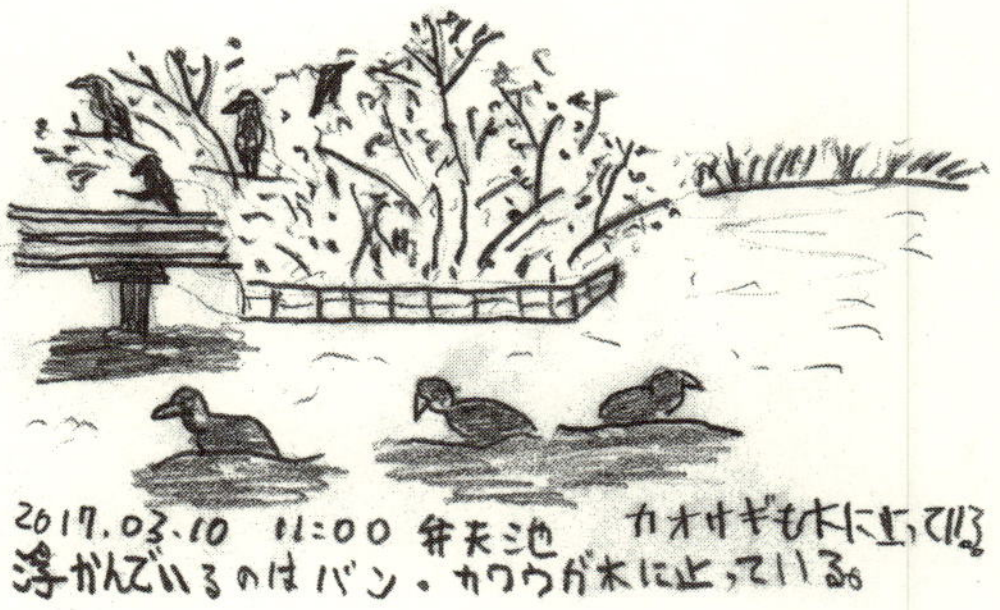
2017.03.10 11:00 弁天池 カオサギも木に止ってる
浮かんでいるのはバン・カワウが木に止っている。

2017.03.10 12:10
瀬田の唐橋
遠くに見えるのは琵琶湖
雨の中で風が寒い。

69 大津宿

大津　琵琶湖　晴嵐松付近

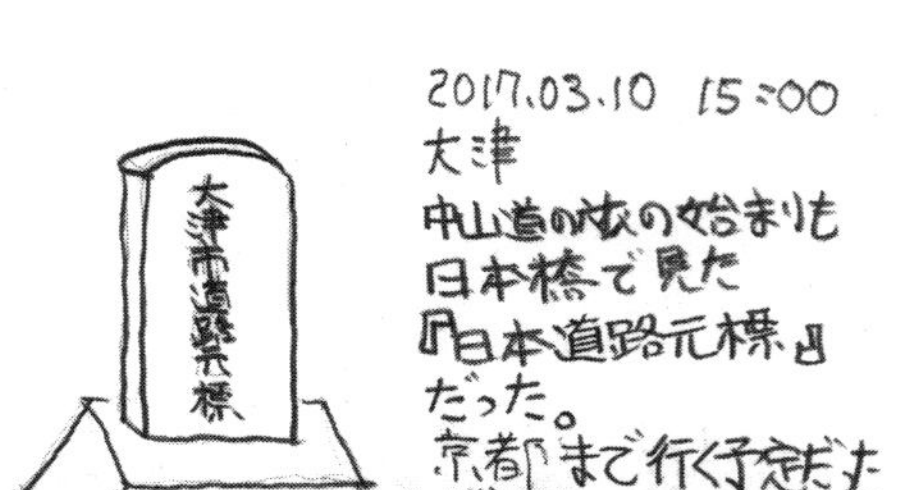

【大津】

▶2017年3月10日〜11日

大津と言えば琵琶湖だが、
雨模様の中、
ぼんやりとした景色だった。

雨の中を歩いてきたが、琵琶湖を見るのもここが最後と思い、晴嵐松付近から少し街道をそれて湖岸にいった。琵琶湖からは対岸の山々が雲の中にぼんやり見えた。近くには水鳥のバンが浮かんでいる。琵琶湖は晴れた日に青く輝く水面を見たいものだが、廻りに人がだれもいない中で、ひとり傘をさしながら見ていた。この晴嵐松付近は木曽義仲が討ち死にをした場所である。

ここからしばらく歩くと木曽義仲の墓がある義仲寺がある。また、松尾芭蕉もここに眠っている。芭蕉は大阪の旅窓で逝去したが、「骸は木曽塚に送るべし」との遺言により、ここに墓を建てた。伊勢の俳人又玄の有名な句「木曽殿と背中合わせの寒さかな」は、又玄がここの無名庵に滞在中の芭蕉を訪ねて泊まった時の作だ。（寺パンフレットより）木曽義仲というと乱暴者のように教えられてきたが、芭蕉ほどの人物が義仲を愛していたことになる。中山道の旅でも宮ノ越宿では義仲は英雄だったし、三留野宿の「袖振りの松」など義仲にゆかりの名がついた場所があった。江戸時代では義仲のイメージは案外よかったのではないだろうか。そんな気がしてきた。

義仲寺を後に30分ほど歩くと大津宿本陣跡に着いた。これで江戸から69番目最後の宿場に来たことになる。後は京都の三条大橋へいくだけだ。

小関越え

小関越え　小関地蔵堂

【小関越え】

▶2017年3月11日

中山道の旅を振り返りながら
小関越えの道を歩いた。

大津に着いた時は3時近かった。東海道を歩いた時とは違う小関越えルートでそのまま一気に京都までいこうと歩き出した。雨が再び降りだしたせいか、何故か道に迷ってしまい、大津駅まで戻って今日の旅は終わりとした。その日は奈良に宿泊した。翌日に電車で大津駅まで来て歩き始めた。

約1年半続いた中山道の旅もついに今日が最終日だ。最初に三井寺に寄ってから小関越えの道を歩き出した。この道は本道の逢坂越えを大関に例えたのに対し、裏道なので小関と称したらしい。車があまり通らない静かなハイキング道である。急いで歩いてしまうとこの旅もすぐに終わってしまう。名残を惜しむようにゆっくり歩いた。峠付近に地蔵堂がある。これを通過する車に気を付けながらしばらく見ていた。この小関越えの道も四宮駅付近で本道と合流する。

日ノ岡峠の手前の公園で昼食をとった。おにぎりを食べていると猫が寄って来たのでごはんを少しあげたが食べない。私のザックの中に頭を入れて食べ物を探しだしたが、あきらめていってしまった。大胆な猫である。

中山道の旅では多くの峠を越えてきた。碓氷峠では雪の残る道を歩いた。笠取峠では茶屋で食べたそばがうまかった。和田峠から見た御嶽山はすばらしかった。塩尻峠ではハナモモの赤が印象に残る。新緑の鳥居峠はカラマツ林の黄緑色が鮮やかだった。十曲峠では棚田がよかった。十三峠はけっこう疲れた。琵琶峠の石畳の石は大きかった。山間を歩いてきたので、それ以外にも峠はたくさん通った。どれも皆楽しかった。そして最後の峠である日ノ岡峠を越えて京都に向かった。

京都三条大橋

京都三条大橋　弥次・喜多像

風強く
寒い。
中山道の旅
の終点、
2017.03.11
13:15
三条大橋の横
高山彦九郎像
を見ながら
旅を振り返
える。

2017.03.11 13:55 三条大橋の下で鴨川に
浮ぶコガモを見ている。ここから西国街道の旅の始まり。

【京都三条大橋】

▶2017年3月11日

中山道の旅は終わったが、
この三条大橋から次の西国街道へと
旅は続く。

蹴上浄水場を左手に見て、南禅寺を右手に見て蹴上の交差点を左に曲がると、最後の直線コースに入った感じになる。ここからは観光客も多くなり通りもにぎやかだ。三条大橋を目の前にして高山彦九郎像をしばらく見ていた。三条大橋を渡ってしまうと今回の旅も終わってしまうなどと考えながら。それにしても中山道の旅は楽しかった。自分なりにゆっくり歩いたので、多くの寺社や資料館に寄ることができた。途中で見た山々や川が繰り出す風景もすばらしかった。心に余裕があったせいか、色々な景色が目に入りそれらをよく覚えている。そして泊まった旅館やホテルでスケッチを仕上げた後に風呂に入り、くつろいで飲むビールはうまかった。そんな感傷に浸っていたのだが、この日は寒く風も強くて凍えてきたので、三条大橋を渡るために立ち上がった。２０１７年3月11日の午後1時30分に橋を渡り中山道の旅は終わった。弥次喜多像が笑って私を迎えてくれた。

旅の終わりは次の旅の始まりでもある。以前から西国街道を歩きたいと思っていた。これは京都の東寺から山口県の下関を経て九州の大里までの道である。その先には日本縦断歩きが待っている。そのため、この三条大橋を鴨川沿いに歩いて京都駅までいった。全ての道を連続して歩き通すために。

旅回数	年月日	歩　程	宿泊場所	備　考
10	2016.05.22	三留野宿→妻籠宿	妻籠	民宿つたむらや
	05.23	妻籠宿→馬籠宿→（十曲峠）→落合宿→中津川宿	中津川	プラザホテル中津川栄
	05.24	中津川宿→大井宿	帰宅	
11	06.25	大井宿	大井	恵那シティーホテルミチ
	06.26	大井宿→（十三峠）→大湫宿→（琵琶峠）→細久手宿	細久手	大黒屋
	06.27	細久手宿→御嶽宿	帰宅	
12	10.28	御嶽宿→伏見宿→太田宿	太田	ホテルルートイン美濃加茂
	10.29	太田宿→鵜沼宿→［各務原駅］	帰宅	
13	11.23	［各務原駅］→加納宿	加納	岐阜グリーンホテル
	11.24	加納宿→河渡宿→美江寺宿→赤坂宿→垂井宿	垂井	つる屋旅館
	11.25	垂井宿→関ケ原宿→今須宿→柏原宿	関ケ原	電車で柏原駅から関ケ原駅へ移動 桝屋旅館
	11.26	柏原宿→醒井宿	帰宅	電車で関ケ原駅から柏原駅へ移動
14	2017.03.08	醒井宿→番場宿→鳥居本宿→高宮宿→愛知川宿	愛知川	ファミリーロッジ旅籠屋
	03.09	愛知川宿→武佐宿→守山宿	守山	栗東アートリッツホテル
	03.10	守山宿→草津宿→大津宿	奈良	電車で大津駅から近鉄新大宮駅へ移動 ホテル葉風待夢
	03.11	大津宿→（小関越え）→京都三条大橋	帰宅	電車で近鉄新大宮駅から大津駅へ移動

※１．（　　　）は間の宿、峠等の本文に取り上げた項目
※２．［　　　］は駅、バス停等の交通機関

中山道六十九次徒歩の旅概略

旅回数	年月日	歩　程	宿泊場所	備　考
1	2015.11.22	日本橋→板橋宿→蕨宿→浦和宿		自宅からの日帰り
2	11.28	浦和宿→大宮宿→上尾宿→桶川宿		同上
3	12.06	桶川宿→鴻巣宿→（吹上宿）		同上
4	12.23	（吹上宿）→熊谷宿		同上
5	12.27	熊谷宿→深谷宿→本庄宿	本庄	埼玉グランドホテル本庄
	12.28	本庄宿→新町宿→倉賀野宿→高崎宿	帰宅	
6	2016.03.20	高崎宿→板鼻宿→安中宿→松井田宿	松井田	ビジネスホテル宝泉安中館
	03.21	松井田宿→坂本宿	帰宅	
7	04.02	坂本宿→（碓氷峠）→軽井沢宿→沓掛宿	沓掛	ゆうすげ温泉旅館
	04.03	沓掛宿→追分宿→［御代田駅］	帰宅	
8	04.15	［御代田駅］→小田井宿→岩村田宿→塩名田宿→八幡宿→望月宿	望月	井出野屋旅館
	04.16	望月宿→（茂田井宿）→芦田宿→（笠取峠）→長久保宿→和田宿	和田	民宿みや
	04.17	和田宿→［男女倉口バス停］	帰宅	
9	04.29	長久保宿	長久保	濱田屋旅館
	04.30	長久保宿→［バス］→［男女倉口バス停］→（和田峠）→下諏訪宿	下諏訪	ホテル山王閣
	05.01	下諏訪宿→（塩尻峠）→塩尻宿→洗馬宿→本山宿→［JR日出塩駅］	塩尻	電車で日出塩駅から塩尻駅へ移動 ホテル朝日館
	05.02	［JR日出塩駅］→贄川宿→奈良井宿	奈良井	電車で塩尻駅から日出塩駅へ移動 民宿しまだ
	05.03	奈良井宿→（鳥居峠）→藪原宿→宮ノ越宿→福島宿	福島	鍵旅館
	05.04	福島宿→上松宿→須原宿	中津川	電車で須原駅から中津川駅へ移動 プラザホテル中津川栄
	05.05	須原宿→野尻宿→三留野宿	帰宅	電車で中津川駅から須原駅へ移動

おわりに

最後に「中山道六十九次徒歩の旅概略」の作成を終えて、中山道徒歩の旅を14回行い、35泊36日をかけて日本橋から京都三条大橋まで歩いたことが確認できました。日本橋から熊谷宿までの4回目までは自宅から日帰りの旅でしたが、それ以降の10回は旅館やホテルに泊まりながらの旅でした。それを1年半かけて行いました。

日本橋から京都三条大橋までの距離は約５３０㎞です。江戸時代の旅人は一日に40㎞歩いたといわれていますので、川止めなどがなければ14泊15日くらいで歩いたのでしょう。私はその２・５倍の時間をかけて歩いたことになります。

子供の頃は長く感じられた1年間に対して、年齢が増すにつれて時間が短く感じられてきます。しかし、私がこの旅に費やした36日間は、ずいぶん長く感じられる時間を過ごした気がしています。ゆっくり歩くことで、私の廻りを流れる時間の速度も遅くなったようでした。一日の旅を終えて、夜にその日を振り返りながら記録をまとめたことも、時間が長く感じられた要因かもしれません。あるいは旅の間、私は子供の頃に返った気持ちになったからでしょうか。

日々の仕事では効率的な行動を求められますが、パソコン、車、電話などから離れて、非日常的な時間を過ごせたのはいい思い出になりました。中山道を歩き通した事は本当に贅沢な時間だったと思います。

旅の中では、たくさんの方々から多大な親切を受けました。ここにお礼を申し上げます。

著者プロフィール

長坂 清臣（ながさか　きよおみ）

1956年（昭和31）北海道歌志内市出身。現在は埼玉県に在住。
建築の設備設計、現場監理の業務に携わる。趣味として登山をしていたが、東海道を歩いたことをきっかけに街道歩きに興味を持つ。その延長として日本縦断歩きをしている。

資格
　設備設計一級建築士　技術士（衛生工学部門）

中山道六十九次　徒歩の旅絵日記

2018年12月15日　初版第1刷発行

著　者　長坂 清臣
発行者　瓜谷 綱延
発行所　株式会社文芸社
〒160-0022 東京都新宿区新宿1－10－1
電話 03-5369-3060（代表）
03-5369-2299（販売）

印刷所　株式会社フクイン

ISBN978-4-286-19893-4